Karl Alois Kopp

Petrus Paulus Vergerius der Aeltere

Ein Beitrag zur Geschichte des beginnenden Humanismus

Karl Alois Kopp

Petrus Paulus Vergerius der Aeltere
Ein Beitrag zur Geschichte des beginnenden Humanismus

ISBN/EAN: 9783743683822

Hergestellt in Europa, USA, Kanada, Australien, Japan

Cover: Foto ©ninafisch / pixelio.de

Weitere Bücher finden Sie auf **www.hansebooks.com**

Historisches Jahrbuch.

Im Auftrage
der Görres-Gesellschaft und unter Mitwirkung von

Hermann Grauert,
Ludwig Pastor, Gustav Schnürer, Carl Weyman,
herausgegeben von
Joseph Weiß.

XVIII. Band. 3. Heft.

※

München 1897.
Kommissions-Verlag von Herder & Co.

☞ Vom „**Historischen Jahrbuch**" erscheinen jährlich **4 Hefte,** welche zusammen einen Band bilden.

Der Abonnementspreis für den ganzen Jahrgang beträgt 12 Mark; für Abonnenten aus der Görres-Gesellschaft (§ 34 des Statuts) 8 Mark.

Bestellungen nimmt sowohl die **Post** wie jede **Buchhandlung** entgegen.

Einzelne Hefte können im Wege des Buchhandels zu ℳ. 3,50 bezogen werden.

Für die **Abonnenten aus der Görres-Gesellschaft,** deren Bestellungen, Zahlungen, Reklamationen und Abmeldungen bei dem General-Sekretariat in Köln (Dr. H. Cardauns) zu erfolgen haben, liegt in dem 2. Hefte jeden Jahrganges ein Zahlungsformular behufs Berichtigung des Jahres-Abonnements bei. Von den Gesellschafts-Abonnenten, welche sich bis zum 1. Juli des Formulars nicht bedient haben, wird angenommen, daß sie die Erhebung des Abonnements **durch Postauftrag** vorziehen.

Die dritte Seite des Umschlages wird für Anzeigen offen gelassen. Dieselben werden mit 30 Pfennig für die Petitzeile oder deren Raum berechnet.

Petrus Paulus Vergerius der Aeltere.
Beitrag zur Geschichte des beginnenden Humanismus.
Von Karl Alois Kopp.

...s Leben und Wirken des Mannes, mit dem sich die folgenden
...beschäftigen, gehört der Wende des 14. zum 15. Jahrhundert
... ist die Zeit, in welcher in Italien die klassischen Studien
...aufzuleben beginnen, in welcher aber auch das große abend-
...e Schisma sich erhebt. In der engeren Heimat unseres Gelehrten
...r gegenseitige Antagonismus unter den oberitalienischen Dynastien
...er Blüte und rief fortwährende Kriegsunruhen hervor. Wenn
...geistigen Bewegungen und öffentlichen Zustände einerseits nicht
...Einfluß auf Vergerios Lebensschicksale und Thätigkeit bleiben
..., so sicherten sie ihm andererseits auch einen Einfluß und eine
...ung in der Geschichte seiner Zeit und seines Landes, die er unter
... Verhältnissen wohl nicht erreicht hätte.
...r werden im folgenden zunächst die Lebensskizze unseres
...n darlegen und sodann dessen literarische Thätigkeit im
...en und speziell seinen Anteil sowie seine Stellung zu der neu-
...en Wissenschaft des klassischen Altertums einer näheren
...ng unterziehen.
...e Nachrichten über die äußern Lebensumstände Vergerios sind
...lich auf uns gekommen. Was wir davon besitzen, ist, neben
...chen Aeußerungen in Schriften seiner Zeitgenossen, vor allem
...riefen zu verdanken, die uns in beträchtlicher Anzahl erhalten
...längst ediert worden sind. Dieselben verbreiten Licht über
... bisher dunklen Punkt in Vergerios Leben, geben manche neue
...sse und ermöglichen so ein bedeutend vollständigeres und ge-
...Lebensbild des Mannes, als wir es bislang besaßen.[1] Alle

---

...rof. Carlo A. Combi in Venedig, ein tüchtiger Forscher auf dem Gebiete
...ndischen Geschichte, hatte bereits ein bedeutendes, bisher noch unediertes
...terial über Vergerios Leben und Schriften gesammelt. Leider verhinderte
...rühe Tod († 11. Sept. 1884) des Gelehrten seinen Plan, dasselbe zu ver-

biographischen Zweifel sind dadurch freilich nicht gehoben und werden sich auch kaum je lösen lassen.

1.

Pietro Paolo Vergerio[1]) war der Sprosse der vornehmen und berühmten Familie de Vergeriis, aus welcher eine Reihe von Männern hervorging, die durch glänzende Geistesgaben und wissenschaftliche Bildung nicht nur im eigenen Lande, sondern weit über dasselbe hinaus einen gefeierten Namen hatten. Er führt gewöhnlich die Bezeichnung der Aeltere, um ihn von einem andern Träger gleichen Namens aus demselben Geschlecht zu unterscheiden, welcher ein Jahrhundert später Bischof seiner Vaterstadt war und beim Ausbruch der Glaubensspaltung zweimal als Nuntius nach Deutschland gesendet wurde, der aber später apostasierte und ruhmlos starb.[2])

Pietro Paolo war geboren zu Capo d'Istria, dem alten auf einer Felseninsel Istriens gelegenen Justinopolis, im Jahre 1370.[3]) Seine

---

vollständigen und zu einer Monographie Vergerios zu verarbeiten. Als Frucht von Combis Forschungen wurden sodann nach seinem Tode durch Tomaso Luciani die Epistole di P. P. Vergerio seniore da Capodistria mit vorausgehendem biographisch-literarischem Kommentar herausgegeben, im V. Bd. (Miscellanea) der Monumenti storici public. d. R. Deputaz. Veneta di storia patria. Venezia 1887.

[1]) In seinen Schriften begegnen wir stets der lateinischen Benennung: Petrus Paulus Vergerius.

[2]) Als dieser Vergerius der Jüngere, der Häresie verdächtig, aus Italien weichen mußte, begab er sich nach Graubünden (1549) und von da nach Württemberg (1553). Er schloß sein ruhe- und haltloses Leben 1561 zu Tübingen. Vgl. Hergenröther, Handb. der allgem. Kirchengesch. 2. Bd. S. 375. Kirchenlexikon v. Wetzer u. Welte, Bd. 11, S. 606 ff. Vergerius der Jüngere hatte zwei Brüder, von denen der eine, Aurelio, als Dichter sich einen Namen erwarb; er starb zu Rom 1532 (Biogr. générale, Paris 1866, tom. 45). Der andere, Joh. Baptist Vergerius, war Bischof von Pola und wurde von seinem Bruder zur Häresie verführt; er soll vergiftet worden sein. Aus demselben Geschlechte stammte Hieronymus Vergerius, ein berühmter Arzt und medizinischer Schriftsteller, Professor in Pisa und Padua († 1678). Ein Petrus Paulus Vergerius, Rechtsgelehrter in Capodistria, hat auch die Vorrede zu der Leipziger Ausgabe der Pädagogik Vergerios vom J. 1664 geschrieben. Vgl. Großes Universallexikon. Leipzig u. Halle 1745, Bd. 47. Schweminski, P. P. Vergerius und M. Vegius, S. 4.

[3]) In seinem Trauerbriefe auf den Tod des Kardinals Zabarella bemerkt Vergerius, daß er ungefähr zehn Jahre jünger sei als sein Freund: »Quum (Zabarella) decennio aut circiter anteiret aetate . . ., tamen non aliter unquam, quam inter se pares solent, in conversatione domestica, ut secum agerem, patiebatur.« Combi, Epist. n. 122. Zabarella ist, wie Kneer (Kardinal Zabarella. Münster 1891. I. T. S. 45 ff.) zur Evidenz nachgewiesen, i. J. 1360 geboren, nicht,

Petrus Paulus Vergerius der Aeltere. 275

Jugendzeit war keine freudige. Schwere Kriegsnöten brachen über seine Vaterstadt herein und legten sie in Trümmer. Vergerios Vater wurde geächtet und konnte nur durch Flucht sein Leben retten. So sah sich unser Gelehrter schon in früher Jugend seiner Heimat beraubt und brachte mit seinen Eltern zwei Jahre zu Friaul (Forum Julii) in der Verbannung zu.[1]) Er gewann übrigens seinen dortigen Aufenthalt sehr lieb und äußerte später noch den Wunsch, seine alten Tage dereinst in jener an Naturschönheiten so reich gesegneten Gegend verleben zu können, während= dem er gegen seine eigene Vaterstadt infolge der herben Jugenderfahrungen eine auffallende Abneigung empfand, so daß er als Knabe schon den Entschluß faßte, nicht dort seinen Wohnsitz zu nehmen.[2]) Die edle Familie Vergerios war durch den Krieg derart in Dürftigkeit geraten, daß ihr die Mittel fehlten, ihrem Sohne eine höhere wissenschaftliche Bildung zu erteilen; bedurfte sie doch selbst der wohlthätigen Unter= stützung. Noch in späteren Jahren dankt Vergerius seinem gelehrten Freund, Mitbürger und Blutsverwandten Johann von Bologna für die Unterstützung, die er seinen bedrängten Eltern habe angedeihen lassen; leider, fügt er bei, seien dieselben außer Stand, ihm zu vergelten und so müsse der Wohlthäter sich auch jener mit ihrer dankbaren Gesinnung begnügen.[3])

Jener edle Gönner Johann von Bologna nahm sich aber nicht nur der bedrängten Eltern an, sondern verschaffte auch dem jungen, talentvollen Sohne die nötigen Mittel zu seiner wissenschaftlichen Aus= bildung. Er begründete damit das Glück Vergerios, dessen feurigster

---

wie man bis jetzt allgemein annahm, 1339. Somit ist auch das Geburtsdatum Ver= gerios entgegen der bisherigen Annahme um einundzwanzig Jahre später anzusetzen (1370 statt 1349). Die Beseitigung des fatalen Irrtums hat begreiflich die Schwierigkeiten für manche andere Daten aus dem Leben beider Männer gehoben. — Wenn im folgenden ohne weitere Angabe Briefe Vergerios zitiert werden, so ist darunter Combis Sammlung zu verstehen.

[1]) Epist. n. 95 s. i. 1394; der Brief ist wahrscheinlich an den Patriarchen von Aquileja gerichtet. — Vgl. auch Epist. n. 126.

[2]) Epist. n 89: Verum, ut iudicium meum, utcunque sit, accipias, scito, omnem hanc indignitatem omnemque huiuscemodi damnationem a miseratione mea profectam esse. Quum enim a maioribus meis audiissem, qua illa dignitate urbs totaque erat quondam provincia, qua fortuna respublica, quaque virtute homines, tum postea et vidissem puer et sensissem praesens, qua esset miseria, quo exterminio, qua calamitate, indigna res mihi visa est planeque miseranda ... Atque ita mihi a puero ea sententia animo stetit, ut si honeste tutoque possim, patriam negem, et, quod certe possum, non habitem. — Vgl. Epist. nn. 70 u. 137.

[3]) Epist n. 68 d. d. Paduae 1395. — Vgl. Epist. n. 89.

18*

Wunsch es von Jugend auf gewesen war, sich den gelehrten Studien zu weihen. „Ich hätte," schreibt Vergerius in einem Brief an den Humanisten Johann von Ravenna, „in meiner Heimat verbleiben können, wo ich mich einer edlen Abkunft, aber eines unbedeutenden Vermögens erfreute, nachdem der Krieg unsere Güter geraubt hatte. Was wäre aber das für ein Leben gewesen, das jeder gelehrten Bildung, aller Kunst und Wissenschaft entbehrte und in gemächlichem Müßiggang oder zwecklosen und verderblichen Beschäftigungen aufging? Diesem Leben, das vielmehr ein Tod ist, entfloh ich wohl durch die besondere Gnadengunst des Himmels, und wandte mich, von meinen Eltern dazu aufgemuntert, zu den Wissenschaften. Lieber wollte ich unter mühevoller Arbeit in der Verbannung leben, als in meiner Heimat in Unthätigkeit und Schlechtigkeit beständig sterben. So kam ich also zu den wissenschaftlichen Studien, bei denen man sich, um mich eines Volksausdruckes zu bedienen, ohne Vermögen übel und mit Vermögen nicht gut befindet. Ohne seine (Meister Johanns) Hilfe aber, die er mir auf meine Bitte niemals abschlug und auch ungebeten stets reichlich gewährt haben würde, hätte ich meine Studienlaufbahn weder beginnen noch fortsetzen können. Seiner Güte habe ich es also zu danken, wenn ich gegenwärtig in einer Lage mich befinde und es dahin gebracht habe, daß sich weder jener Gönner meiner zu schämen, noch ich selbst die mir auferlegte Arbeit zu bereuen habe"[1] Zwar blieb Entbehrung und Dürftigkeit auch fernerhin das Los des Gelehrten; er ertrug es aber mit großer Ergebung. „Die Armut," schreibt er an Nikolaus von Lionardi, seinen gelehrten Freund, „macht mir keine Sorge. Sie war gleichsam schon meine Amme, und während sie mir ehedem lästig fiel, betrachte ich sie nunmehr wie einen friedlichen Gastfreund. Mehr aber beschwert, ja quält mich die Dürftigkeit meiner Eltern, welche ihr Mißgeschick nicht mit jener Fassung, wie ich es wünschte, ertragen."[2]

Vergerius begann seine Studienlaufbahn zu Padua,[3] jenem berühmten Musensitze, wo die gefeiertsten Gelehrten wirkten, wo Petrarca,

---

[1] Epist. n. 89 d. d. Paduae 1395.

[2] Epist. n. 74. — Zeno, Dissertazioni Vossiane. Venezia 1752, tom. I. S. 53. Letzterer fügt die Bemerkung bei: »Servi principi imperadori e pontefici: vergogna loro et disgrazia sua, tanta povertà con tanto sapere.«

[3] Zeno a. a. O. S 52; Stanovich, Biografia degli uomini distinti dell' Istria. Trieste 1829. — Nach Muratori (Rer. Ital. Script. t. XVI) und Papadopoli (Hist. Gymnas. Patav. t. 1) genoß er seinen ersten Unterricht in Venedig. Vgl. Babuder, P. P. Vergerio il Seniore, S. 4. — Die erhaltenen Briefe Vergerios bieten keine Anhaltspunkte für letztere Ansicht.

der schöpferische Bildner der Sprache und Poesie seines Vaterlandes, der Mitbegründer eines neuen wissenschaftlichen Geistes und Wiedererwecker der klassischen Studien im Abendland, die letzten Jahre seines Lebens zugebracht hatte († 1374) Einer seiner tüchtigsten Schüler, Giovanni Converſano da Ravenna, dozierte daſelbſt die Rhetorik (ungefähr 1382—87).¹) Seine vorzügliche Lehrgabe, verbunden mit einem heiligen Lebenswandel, zog einen zahlreichen Kreis von Jünglingen nach dieſer Alma mater der Wiſſenſchaften. Ein Zeitgenoſſe, Fra Jacopo Filippo da Bergamo, gibt eine lange Liſte berühmter Männer, welche Giovannis Schüler waren und die in der Folge nicht nur als Redner, ſondern auch in den Eigenſchaften ihres Geiſtes und Herzens die Vorzüge ihres Lehrers wiederſpiegelten. Wir treffen in dieſer Gelehrtenfamilie neben Leonardo Aretino, Paolo Sforza, Guarino Veroneſe, Poggio Fiorentino, Francesco Filelfo, Roberto Roſſi und manchen andern — auch unſern Pier Paolo Vergerio.²) Wie hoch der letztere ſeinen Lehrer ſchätzte, iſt daraus erſichtlich, daß er auch fortan in regem wiſſenſchaftlichem Verkehr mit ihm blieb und an ihm, wie ihr Briefwechſel bezeugt, einen väterlichen Freund und Ratgeber hatte. „So oft Du mich eines Briefes würdigeſt,“ ſchreibt ihm einmal Johannes, „verſetzeſt Du mich nicht nur in fröhliche Stimmung, ſondern entflammeſt durch Deinen Feuereifer auch in mir wiederum eine wahrhaft jugendliche Luſt zum Studium. So naturwahr und ernſt ſind Deine Schilderungen, daß man den Gegenſtand nicht bloß mit dem Ohre wahrzunehmen, ſondern gerade vor Augen zu haben meint.“ — Indes hält der Meiſter auch mit dem Tadel nicht zurück. In dem nämlichen Schreiben rügt er Vergerios tiefe Abneigung gegen ſeine Vaterſtadt Capo d'Iſtria und meint, wenn er ſeinen Schriften Invektiven gegen dieſelbe einfüge, ſo werde dieſer Schimpf ſo lange an ihr haften, als ſeine Schriften dauern, wie man dies an dem durch den Apoſtel Paulus ſtatuierten Beiſpiele der Kretenſer ſehen könne.³) Obſchon Vergerius, wo er im Recht zu ſein glaubte, bei

---

¹) Klette, Beiträge zur Geſchichte und Literatur der ital. Gelehrtenrenaiſſance. Greifswald, 1888. I, 25 ff.
²) Tiraboschi, Stor. dell. lett. ital. t. V. 2. S. 955.
³) Epist. n. 137: »Johannes Ravennas P. P. Vergerio S. D.« Muglae, Idibus Septembris 1395. — Combis Epiſtolar enthält zwei Briefe Vergerios an »Johannes Ravennas« (nn. 89 u. 90) und einen Brief des letzteren an Vergerius (n. 137). Nun gab es aber, wie Klette a. a. O. I, 6 ff. nachweiſt, zwei ungefähr gleichzeitige Humaniſten dieſes Namens: Johannes Converſanus und Johannes Malpaghini, beide aus Ravenna. Der im Text als Lehrer Vergerios angeführte

seiner Ansicht beharrte, so war er gleichwohl für dergleichen Vorstellungen seines Lehrers nicht unempfänglich und ließ sich durch dieselben in seiner Anhänglichkeit und Verehrung für den Meister nicht beirren. In einer Antwort auf den eben erwähnten Brief Johanns von Ravenna schreibt derselbe, nachdem er vorher von den Wohlthaten und Liebeserweisen seiner übrigen Freunde und Gönner gesprochen: „Doch, wie sollte ich noch zögern, Dich, die Zierde unseres Jahrhunderts, an erster Stelle zu erwähnen, der mich seines aufrichtigen Wohlwollens, der größten Vertrautheit, des wichtigsten Unterrichts gewürdigt hat; der mir unverdientes Lob spendet, meinen Schriften Anerkennung zollt, mich aufrichtet, mahnt und warnt, mit einem Wort, mein Lehrer und zugleich der beste Vater an mir ist." [1]

Von Padua begab sich Vergerius um das Jahr 1387 nach Florenz zum Studium des kanonischen und bürgerlichen Rechtes. Als Lehrer dieser Wissenschaft wirkte zu jener Zeit an der Florentiner Hochschule der berühmte Francesco Zabarella.[2]) Es war eine glückliche Fügung des Schicksals, die den Vergerius mit diesem Manne zusammenführte, einem der edelsten Charaktere seiner Zeit, der mit seltenen Geistesgaben und großer Gelehrsamkeit einen musterhaften Lebenswandel verband. „Zabarella, einer der größten Kanonisten des 14. und 15 Jahrhunderts" — sagt Hefele — „war ein Mann von ausgezeichneter, allgemein anerkannter Tugend und Sittenreinheit und darum ungemein hochgeachtet, ein Feind aller Verschwendung, ungemein thätig, so daß er nur wenige Stunden schlief, sehr sparsam gegen sich, sehr wohlthätig gegen andere."[3]) Geboren zu Padua im Jahre 1360 war Zabarella

---

ist Johannes Conversanus (s. Conversinus), der mit geringer Unterbrechung, zuerst als Lehrer der Rhetorik am Studio zu Padua, dann (1395—1406) als Kanzler der Fürsten von Carrara, somit zu gleicher Zeit und in gleicher Stellung mit Vergerius wirkte. Johannes Malpaghini (ca. 1355—1417), gleichfalls Schüler Petrarcas, lehrte in Florenz. — Sabbadini, dem auch Klette folgt, nimmt als Vf. des aus Muggia datierten Briefes den Johannes Malpaghini an. Die Antwort Vergerios scheint uns inhaltlich mehr für Johannes Conversanus, seinen ehemaligen Lehrer, zu sprechen; diese Annahme setzt freilich einen zeitweiligen Aufenthalt des Letzteren zu Muggia in jenem Jahre 1395 voraus.

[1]) Epist. n. 89 d. d. X Kal. Octobris 1395. — Auf den von Rom (1406) datierten Brief Vergerios an Johann von Ravenna werden wir unten zu sprechen kommen.

[2]) In dem bereits oben zitierten Trauerbrief (Combi, Epist. n. 122) sagt Vergerius: »Florentiae illum (Zubarellam) primum novi, ante triginta fere annos, quum ibi studiorum causa versarer, ille canonica iura traderet.«

[3]) Kirchenlexikon von Wetzer u. Welte XI, 2, S. 1231. — Schön charakterisiert ihn sein Zeitgenosse Gasparino da Pergamo in einem Briefe an Vergerius,

in der Schule des berühmten Kanonisten Johannes de Lignano zu Bologna herangebildet. Dann wandte er sich nach Florenz zum Studium des römischen Rechts und begann ebendaselbst (c. 1386) seine juristische Lehrthätigkeit und zwar unter außerordentlichem Zulauf und Beifall der Zuhörer.¹) Das beste Zeugnis für seine Wirksamkeit gibt die Thatsache, daß ihn die Florentiner, obwohl er noch jung und kein Einheimischer war, einmütig zu ihrem Bischof begehrten. Weil indes der Papst diese hohe Stelle bereits an einen andern vergeben hatte, so konnte ihrem Wunsche erst bei der folgenden Erledigung des bischöflichen Stuhles (1410) entsprochen werden.²)

Es ist kein Zweifel, daß ein solcher Lehrer von vorteilhaftestem Einfluß sowohl in moralischer als intellektueller Hinsicht auf seinen ebenso befähigten als edel angelegten Schüler Vergerius sein mußte, wie er andernteils gewiß auch mannigfache Anregung, zumal in den schönen Wissenschaften von ihm empfing. In der That bildete sich dank der glücklichen Uebereinstimmung der Charaktere eine so innige Freundschaft zwischen den beiden Männern, daß von nun an ihre Lebensschicksale aufs engste verflochten sind. Welch tiefes Gefühl der Dankbarkeit und ehrerbietigen Hingebung Vergerius gegen seinen hochherzigen Gönner beseelte, bezeugen seine Briefe; wo immer sich ein Anlaß bietet, thut er seines Freundes Erwähnung,³) in dessen Begleitung wir ihn fortan immer wieder finden, um Freud und Leid mit ihm zu teilen.

Wenn Vergerius in Florenz unter Zabarellas trefflicher Leitung zunächst seinen juridischen Fachstudien oblag, so ist andererseits klar, daß er in einer Stadt, wo gerade damals der Musenkultus die üppigsten Blüten trieb, von dieser geistigen Strömung nicht unberührt bleiben

datiert: Patavii 1414, bei Combi S. 215: ›Semper hunc hominem prolixe amavi et ante omnes excolui. Multa sunt, quae, ut ita faciam, me magnopere impellunt: Divina quaedam in maximis rebus sapientia, humanitas, modestia, quae, ut multa alia, ita in eo summa sunt, ut in nullo magis.‹
¹) ›Itaque vix ullus pater a filiis ita diligitur ut ipse suis discipulis erat carus, quoniam ita docebat, ut plane videretur, non ambitioni propriae eum studere, sed illorum utilitati, nec communicare paulatim doctrinam velle, sed universam simul, si fieri posset, infundere. Tanta vero arte id agebat (sive magis naturae munus erat), tamque dilucide, ut prorsus videretur indocilis, quisquis etiam difficillima, tradente eo, non caperet.‹ Verger. Epist. n. 122, S. 164. — Ueber Zabarellas Lebensgang vgl. Kneer a. a. O.
²) Verger. Epist. n. 122, S. 183.
³) Vgl. Epist. nn. 43, 67, 89 und besonders Epist. n. 122. Zabarella teilte zeitweilig mit dem Freund auch seine Wohnung, die an der Margarithastraße lag. A. Gloria, Monumenti della Università di Padova. Pad. 1888. I, 492.

konnte. Hier hat er offenbar seine Begeisterung für die klassischen Autoren und die altrömische Beredsamkeit eingesogen, die in der Folge den Juristen stark in den Hintergrund drängte und ihm einen ehrenvollen Namen unter den Schriftstellern der italienischen Renaissance verschaffte. Vergerios Briefwechsel mit Coluccio Salutato stellt es außer Zweifel, daß auch er jenem schöngeistigen Gelehrtenkreise angehörte, der mit schwärmerischem Enthusiasmus die humanistischen Studien pflegte und dessen geistiger Mittelpunkt gerade der florentinische Staatskanzler Salutato war.[1]) In den Briefen, die er nach seinem Weggang von Florenz an Coluccio Salutato richtet, gedenkt er mit einer gewissen Wehmut der schönen Tage, die er in seinem Umgang verlebt hat und spricht in fast überschwenglichen Dankesbezeugungen von ihm als von seinem Vater und Lehrer.[2]) Nach seinem Tode (1406) widmete er ihm in einem Brief an Zabarella einen schönen Nachruf, wobei er seine große literarische Bedeutung für Florenz und für ganz Italien hervorhebt und unter anderem bemerkt, daß Salutatos Briefe den Feinden der Florentiner mehr Schaden zugefügt hätten, als der letzteren Waffen.[3]) Durch den Aufenthalt in Florenz wurde überhaupt Vergerios Bildung außerordentlich gefördert; wie er uns selbst berichtet, trat er schon jetzt in verhältnismäßig jugendlichem Alter als Lehrer der Dialektik an der Hochschule auf.[4])

In diese Zeit fällt auch eine Reise nach Rom, die Vergerius in Begleitung seines Lehrers, wahrscheinlich als dessen Sekretär, unternahm. Es war die traurige Zeit des päpstlichen Schismas. Zabarella war von Bonifaz IX nach Rom berufen worden, um durch seinen Rat und seine Einsicht zur Beilegung des Streites mitzuwirken. Er sollte ein Gutachten abgeben über die Möglichkeit der Hebung des Schismas. Leider hatte die Sendung nicht den gewünschten Erfolg, weil es, wie Vergerius nicht ohne Bitterkeit bemerkt, dem Inhaber des päpstlichen Stuhles mehr daran gelegen war, sich dessen Besitz zu sichern, als die

---

[1]) Eine wahrheitsgetreue und anschauliche Schilderung dieses Humanistenbundes gibt ein Augenzeuge aus dem J. 1389 unter dem Titel: Il Paradiso degli Alberti. Vgl. die Ausführungen darüber bei Rösler, Kardinal Johannes Dominici. S. 64 ff.
[2]) Vgl. Epist. nn. 10, 29 93 und 106 (Coluccio an Vergerio).
[3]) »Quod et questi sunt aliquando hi, quibus res fuit cum Florentinis bello decerenda, paene plus obfuisse eis Colucii epistolas, quam Florentinorum exercitus.« Den hingeschiedenen Lehrer nennt er »urbis illius (Florentiae) primum atque praecipuum decus ... qui non modo eius urbis, sed et totius Italiae linguaeque latinae splendor et columen erat.« Epist. n. 114 d. d. Romae VIII Octobris 1406.
[4]) Dialecticam iuvenis ibi docui. Epist. n. 75.

Spaltung zu beseitigen.¹) Doch — fügt er bei — sollte es Zabarella noch erleben, die Kirche auf einem allgemeinen Konzilium geeinigt zu sehen.²) Bald nach Erfüllung seiner Mission trat Zabarella nach fünfjähriger Wirksamkeit von seiner Lehrstelle in Florenz zurück (1390) und übernahm die Professur des kanonischen Rechts an der Hochschule seiner Vaterstadt Padua, welcher er von nun an volle zwanzig Jahre (1391 — 1411) seine Kraft nicht nur als Lehrer sondern auch in vielseitiger anderer Thätigkeit lieh. Auch sein Freund und Schüler Vergerius trennte sich von dem bisherigen Studienort und brachte ein bis zwei Jahre (1389—90) an der Hochschule zu Bologna zu. Wir schließen dieses aus Briefen an seine Vertrauten, die während des genannten Zeitraums aus Bologna datiert sind.³) Wenn auch deren Inhalt keine direkten Anhaltspunkte bietet, daß er sich Studien halber in Bologna aufgehalten habe, so geht dies aus einem anderweitigen Schreiben Vergerios hervor.⁴) Von dort aber lenkte er seine Schritte wieder nach seinem ersten Studienort Padua zurück, woselbst er nunmehr seit dem Jahre 1390 seinen dauernden Wohnsitz nahm. Er setzte hier unter Zabarellas Leitung seine Rechtsstudien fort und bekleidete zugleich die Stelle eines Dozenten der Logik an der paduanischen Hochschule.⁵)

Es war um diese Zeit (1395), da an Vergerius die Frage der Gründung eines eigenen Familienstandes herantrat. Hören wir ihn selbst, wie er über diese Angelegenheit treuherzig an seinen Verwandten und Wohlthäter, den Arzt Johann von Bologna, berichtet.

---

¹) ›Quum igitur audire ille (Bonifacius IX) magis vellet, quo pacto stabiliretur ei papatus, quam quo schisma de Ecclesia tolleretur, nec pateret via, qua in utrumque bene consuli posset, inutiliter actum est illud iter, quod magna exspectatione susceptum fuerat. Epist. n. 122 S. 183. — Muratori a. a. O. S. 199.
²) Ebenda.
³) Epist. n. 22 an Ugo von Ferrara, datiert Bononiae, XI Aprilis 1389. — Epist. n. 125 an Nicolao Lionardi, datiert Bononiae VI Non. Maias 1390. — Epist. n. 110 an Ugo von Ferrara, datiert Bononiae IV Idus Octob. 1390.
⁴) Epist. n. 14 schreibt er an Santo Peregrino (Paduae XVI Kal. 1395) über einen Besuch beim Patriarchen von Venedig: ›Ipse vero recognovit me protinus, non quidem nominatim, ut qui nulla familiaritate ei iunctus essem, sed quem aliquando ad se venientem audisset, crebroque Bononiae, dum in studiis ageremus, vidisset.
⁵) A. Gloria a. a. O. I, 494. — ›Ego vero — schreibt er an seinen Freund Santo Peregrino — longe a studiis tuis absens, longo otio tuo dispar, noctem diemque garrula disceptatione consumo, texo laqueos, complico sinus, quibus argutam possim intercipere sophistam.‹ Epist. n. 8. Paduae XIV Kal. Martias 1390.

„Bei mir," schreibt er,[1]) „war es längst beschlossene Sache, möglichst frei zu bleiben und daher vor allem mich nie unter das Joch der Ehe bringen zu lassen. Anders dachten freilich meine Angehörigen. Als ich vor einigen Tagen hierher [nach Capo d'Istria] kam, rief mich mein Vater zu sich und sprach: „„Du siehst, daß ich dem Greisenalter mit allen seinen Beschwerden entgegeneile und daß mein Lebensende nicht mehr ferne liegen kann. Mein sehnlichster Wunsch ist es nun, daß Du mir, bevor ich sterbe, Hoffnung auf Nachkommenschaft gewähreft und liebe Enkel schenkest, welche mir mein hartes Lebensgeschick und meine Altersforgen erleichtern und die so tüchtige Anlagen des Geistes erhoffen lassen, wie ich sie zu meiner Freude bei Dir vorfinde. Ich wünsche also, wofern Du nicht anderer Meinung bist, daß Du in den Ehestand tretest. Es ist zwar schwer, eine Wahl, die allen Wünschen entspricht, zu treffen; doch habe ich für Dich eine Gattin ausersehen, die in Rücksicht auf ihren Charakter Dir nicht unähnlich ist, wohlgesittet, von braven Eltern stammend, unserem Geschlechte ebenbürtig, welche überdies keine geringe Mitgift bringen würde. Ich ermahne Dich dringend, daß Du auf meinen Vorschlag eingehest: denn so wirst Du unsere Nachkommenschaft erhalten, Deine Studien bequemer vollenden und zugleich die Not Deiner greisen Eltern heben können. Stände es mit unserem Haus und unseren Vermögensverhältnissen noch wie ehedem, so würde ich, so erwünscht mir die Forterhaltung unseres Geschlechtes ist, nicht so sehr in Dich dringen; meinethalben könntest Du nach Deinem Belieben frei und unbehindert Deinen wissenschaftlichen Studien leben. Aber Du kennst unsere Verhältnisse und weißt, in welch niedrige Lebensstellung wir gedrängt worden sind Durch meinen Vorschlag aber kannst Du Dir und uns nützlich sein, wenn Du willst; Du kannst unsere ökonomische Lage in jeder Hinsicht wieder verbessern und sodann in spätern Jahren von Deinen Studien umso reichlichere Früchte ernten. Ueberlege Dir also die Sache und teile mir dann sofort Deine Entschließung mit."" „Du siehst, mein Freund" — fährt Vergerius fort — „ich habe einen guten Vater, der nicht wie viele andere Gewalt anwendet, sondern liebevoll die Entscheidung in meine Hand gelegt hat. Er redete mir allerdings ernsthaft zu, so daß er jeden andern, dem die Freiheit des Geistes nicht so sehr am Herzen gelegen wäre, leicht umgestimmt hätte. Doch was bedurfte es meinerseits noch einer weitern Erwägung, da ja mein Entschluß längst feststand, alle meine Geisteskraft anzustrengen, um mir die Freiheit zu wahren und mir niemals einen Ehebund aufdrängen zu lassen, es wäre denn, daß der Vater, dem das Recht über meine Person zusteht, durch strikten Befehl mich dazu zwingen würde? Um indes nichts zu unterlassen, zog ich die Angelegenheit, die mich schon so viel beschäftigt hatte, nochmals in Erwägung. Ich konnte aber zu keiner Aeu-

---

[1]) Epist. n. 24 d. d. 1395 ohne Ortsangabe. Aus dem Kontext erhellt, daß der Brief von Capo d'Istria aus geschrieben ist.

derung meines frühern Entschlusses kommen." Nach Verlauf von drei
Tagen ließ ihn der Vater wieder rufen, um seine Ansicht zu vernehmen.
Vergerius widerlegte in seiner Antwort in schonender Weise die nach der
Meinung des Vaters aus seiner Verehelichung erwachsenden Vorteile. Mit
dem väterlichen Unglück habe er das größte Mitleiden und würde es gerne
beseitigen, wenn er sicher wäre, daß es durch seine Verehelichung beseitigt
werden könne. „Du willst, daß ich ein Weib habe. Ich aber befürchte, daß
das Weib vielmehr mich haben wird. Ein solch herrschsüchtiges Ungeheuer
nämlich, ein entsetzlicher Hausdrache, klagt stets, er habe gar kein Recht im
Hause, es sei denn, daß derselbe das völlige Regiment über den Gatten
mit samt den übrigen Hausgenossen besitzt."[1] Ohne indes dieses Geschlecht
verurteilen zu wollen, das nun einmal für die Sterblichen notwendig
sei, müsse er doch solche Männer anklagen, welche, mit Talenten wohl
begabt, sich der Philosophie und den übrigen Wissenschaften widmen,
gleichwohl aber dergleichen verlockende Hemmnisse sich bereiten. Der
Vater verlange sehnlich, daß er Nachkommenschaft erhalte; diese müsse
man aber nicht in den Kindern, sondern in der Tugend suchen. Denn
die Söhne geraten meistens nicht nach Wunsch und Freude der Eltern,
sondern bereiten ihnen oft nur Kummer. Werke der Tugend aber liegen
in unserer Macht und spenden wirklichen Trost.[2] Im übrigen gezieme
es ihm, dem Sohne, nicht, sein Urteil über dasjenige des Vaters zu
stellen und er wolle, wie er bisher immer gethan, nichts gegen die Ein=
willigung des Vaters unternehmen. Nur das möge er wissen, daß er
durch das Joch der Ehe den Schultern seines Sohnes eine sehr schwere
und unerträgliche Last auferlege und ihm sein Glück für die Zukunft entziehe.

Von nun an ließ ihn der Vater mit seinen Anträgen in Ruhe.
Umsomehr aber setzten ihm die Verwandten zu und machten ihm Vor=
würfe, daß er eine neue Lebensweise erfinden, weiser als andere sein
wolle und die Sitten der Vorfahren verschmähe. Umsonst! Vergerius
blieb standhaft und schätzte sich glücklich, an der gefährlichen Klippe,
die seiner ungeteilten Hingabe an die Wissenschaft drohte, glücklich
vorbeigekommen zu sein.

Ein anderes Motiv für seinen Entschluß als das soeben genannte
giebt Vergerius nicht an, so nahe uns hier die Vermutung gelegt wird,
daß derselbe in den Klerikalstand einzutreten beabsichtigte. Auch die

---

[1] »Vis enim, ut uxorem habeam. Ast ego vereor, ne me habeat femina.
Namque imperiosa bellua, horrendum monstrum, nunquam se quidquam iuris
in re familiari habere existimat, nisi quum coniugem ceterosque domesticos
violenta subegerit.«

[2] »Non enim in filiis, sed in virtute est quaerenda posteritas. Filios
namque nobis plerumque quales nolumus, gignimus, qualesque post pigent
genuisse. Quidquid autem ex virtute fit, et volumus et delectat.«

übrigen Briefe Vergerios geben hiefür keinen direkten Anhaltspunkt. In einem an Freunde und Gönner gerichteten Schreiben, das, nach dem Inhalt zu schließen, noch aus der Zeit seines Aufenthaltes in Padua stammt, schreibt Vergerius: „Ich wünschte nach jahrelanger Arbeit bald einmal auch eine entsprechende Frucht meiner vielfältigen Studien zu ernten und in der Vollkraft meiner Jahre für ein ruhiges Alter Vorsorge zu treffen. Ich hatte gehofft, daß mir das gelinge, wenn ich im kirchlichen Stande verharrte, welcher viele zu hoher Stellung emporzubringen pflegt. Doch diese Laufbahn ist mir längst verschlossen und daher ganz aufgegeben. Es bleibt mir eine andere offen, daß ich bei weltlichen Fürsten in Dienst trete."[1]) Soviel geht aus diesen Aeußerungen Vergerios hervor, daß er dem Priesterstande, der ihn zu höhern kirchlichen Würden befähigt haben würde, nicht angehörte. Dagegen weist seine spätere Stellung am römischen Hofe und auf dem Konzil zu Konstanz mit Bestimmtheit darauf hin, daß er nach damaliger Gepflogenheit als Minorist am Klerikalstande teil hatte.[2])

Doch nehmen wir nach dieser Digression den biographischen Faden wieder auf.

Padua war damals die Residenz der Fürsten von Carrara. Franz der Aeltere (il Vecchio) hatte die Stadt 1388 den Visconti abtreten müssen. Man hielt ihn gefangen, während sein Sohn Franz der Jüngere (il Novello) nach Florenz floh. Mit Hilfe der Florentiner und besonders Bayerns gelang es ihm endlich, im Jahre 1390, Padua wiederzugewinnen.[3]) Vergerius, der durch sein reiches Wissen und seine Beredsamkeit bereits einen bedeutenden Namen hatte, erwarb sich die Gunst des regierenden Fürsten, an den er durch Zabarella empfohlen worden war, so daß derselbe ihm die Erziehung seiner Söhne anvertraute. Er ernannte Vergerius überdies zu seinem Sekretär, und

---

[1]) Epist. n. 59, ohne Datum und Adresse. Der Brief stammt offenbar aus der letzten Zeit seines Aufenthaltes in Padua. Vergerius drückt darin seinen Freunden gegenüber den Wunsch aus, daß er nicht ungern durch ihre Vermittlung in den Dienst des Königs von Neapel treten würde, jedoch nicht ohne Zustimmung seines nunmehrigen Herrn, des Fürsten von Carrara. Er sah wahrscheinlich, als er dieses schrieb, den Fall des letzteren, wovon unten die Rede sein wird, bereits voraus.

[2]) Näheres hierüber unten. Vgl. auch Combi im Archivio Storico per Trieste, l'Istria ed il Trentino. Roma 1882, S. 352.

[3]) Von den Kriegsereignissen dieser Zeit berichten Verger. Epist. nn. 109—10. Näheres über Vergerios Beziehungen zu den Carrara findet sich bei Kösler in Bd. 7 der „Bibliothek d. kathol. Pädagogik" Freiburg i. B. S. 76 f. [Hist. Jahrb. XVII, 691.]

schenkte ihm, obwohl er Ausländer war, das Bürgerrecht von Padua.¹) Vergerius blieb dem um die Pflege der schönen Künste verdienten Fürstenhause in treuer Freundschaft zugethan. Er stellte auch seine Feder in dessen Dienst, indem er eine Schilderung der Leichenfeier Francesco des Aelteren, sowie eine Geschichte der Fürsten von Carrara schrieb, die allerdings den höfischen Charakter nicht verleugnet. Daneben unterhielt Vergerius einen stets regen geistigen Verkehr mit Zabarella. Man las in Mußestunden den Terenz, Virgilius und Cicero und ergötzte sich zur Abwechslung an Jagd, Fisch- und Vogelfang.²)

Indes war Vergerios Aufenthalt in Padua kein ununterbrochener. Wenn wir auch seinen Namen in diesen Jahren im Verzeichnis der Dozenten an dortiger Hochschule finden,³) so geht aus anderweitigen Berichten hervor, daß er die Zeit von 1397—1400, wenn nicht ausschließlich, so doch meistenteils wieder in Florenz zubrachte.⁴) In dieser Gelehrtenstadt ging nämlich damals ein neues Licht der Wissenschaft auf. Den Bemühungen der Florentiner Humanisten, besonders des greisen Staatskanzlers Coluccio Salutato, war es gelungen, den byzantinischen Rhetor und Philosophen Manuel Chrysoloras als Lehrer der griechischen Sprache und Literatur zu gewinnen (1396).⁵)

Groß war der Andrang zu dem neuen Lehrer, der, von der Wiegenstätte klassischer Bildung herkommend, schon durch sein ernstes, würdiges Auftreten, das den Philosophen erkennen ließ, großen Eindruck machte und nunmehr im Abendlande den Eifer und die Begeisterung für eine

---

¹) Papadopoli, Hist. Gymn. Patav. bei Babuder S. 11.
²) Verger. Epist. n. 79 an Albrovandino von Ferrara. Paduae Non. Oct. 1395. »Diebus his in montanis 'ui. Ibi me oblectavi cum domino Francisco nostro, cum quo ita alias voluptates sequuti sumus, ut libros nunquam ommitteremus etc.« — In einem an den Fürsten gerichteten Brief, bevor er in seinem Dienste stand, belobt er nicht nur dessen Liebe zur Wissenschaft, die ihn vor vielen andern seines Standes vorteilhaft auszeichne, sondern rühmt auch seine imponierende Körpergestalt, indem er ihn nicht ohne Schmeichelei mit Priamus vergleicht. Epist. n. 69. Paduae V Id. Augusti 1389.
³) Papadopoli a. a. O. bei Babuder S. 11. — Vom Juli 1397 bis zum Mai 1400 kommt sein Name in den Akten nicht mehr vor. Vgl. Gloria a. a. O. I, 494.
⁴) Am 19. Oktober 1398 schreibt er nach seiner Rückkehr aus Norditalien nach Florenz an den Kardinal von Bologna: »Qui vero dies posteaquam huc veni, superarunt, ut tute ipse coniicere potes, in coeunda societate comparandaque familia inque componenda brevi supellectili assumpti sunt. Epist. n. 113.
⁵) Ausführlicher behandelt die Wirksamkeit des Chrysoloras in Italien mein Aufsatz: „Die Anfänge der griechischen Renaissance im Abendland." Kath. Schweizerblätter. Luzern, Jahrg. 1896. S. 198 ff. u. 249 ff. — Vgl. auch Voigt, die Wiederbelebung des klassischen Altertums. Berlin 1893. I, 222 ff.

ihm längst fremd gewordene Wissenschaft entflammte. Bejahrte Männer von Bedeutung und literarischem Ruf saßen neben jungen Gelehrten zu den Füßen des griechischen Meisters. Wir nennen Giacomo da Scarparia und Roberto de' Rossi, die ihre in Griechenland begonnenen Studien nunmehr in ihrer Heimat fortsetzten; den Florentiner Nobile Palla de' Strozzi, der mit seinen Freunden eine beträchtliche Geldsumme zusammengebracht hatte, um die Gewinnung des Griechen für Florenz zu erleichtern. Unter den jüngern ragten Lionardo Bruni, Carlo Marsuppini, Ambrogio Traversari als besonders eifrige und befähigte Schüler hervor. Einer der letzten, den der Drang nach griechischer Bildung heranlockte, war unser Paduaner Magister Pier Paolo Vergerio.[1]) Mehr noch als die Kenntnis der hellenischen Sprache an sich stachelte ihn, wie er an Zabarella schreibt, die Hoffnung, griechische Geschichte und Philosophie, soweit dieselben in seiner Heimat noch nicht bekannt oder, „wenn vielleicht einmal dahin verpflanzt, wieder verloren gegangen waren," an ihrer Quelle zu studieren. Zudem will er sich auch persönlich von dem hohen Ruhm überzeugen, welche die Kenner der beiden (alten) Sprachen der griechischen Wohlredenheit spenden. Das erste Ziel, sagt Vergerius, habe er, da es weniger Mühe kostete, nahezu errungen, nicht so das letztere, da er seinen tüchtigen Lehrer leider allzufrüh verlor.[2])

Schon im Beginn des Jahres 1400 nämlich, geraume Zeit vor Ablauf seines Kontraktes mit den Florentinern, verließ Chrysoloras die Stadt aus Furcht vor hereinbrechenden Kriegsunruhen.[3]) Vergerius be-

---

[1]) Ueber diesen Schülerkreis berichtet Leonardus Aretinus in ›Rerum suo tempore in Italia gestarum commentarius‹ (edit. Argentorat. 1610): ›Condiscipulos habui plures, sed qui maxime profecerint, duos ex nobilitate Florentina Robertum Ruffum et Pallam Honofrii filium Strozium. Erat insuper in eadem disciplina Jacobus quidam Angeli, qui autor in primis fuerat Chrysolorae arcessendi. Accessit quoque postmodum Petrus Vergerius Justinopolitanus qui, cum Patavii studio floreret, secutus Chrysolorae famam, sese Florentiam contulerat ad eum audiendum. Ex his Robertus et Vergerius et Jacobus Angeli me longe anteibant aetate.‹ Vgl. Klette a. a. O. II, 13.
[2]) Epist. n. 75.
[3]) ›Per metum ingruentium bellorum.‹ So Vergerius a. a. O. Dagegen schreibt ein anderer Schüler des Griechen, Lionardo Bruni: ›Apud hunc ego magistrum supra biennium fui institutus sane probabili atque optima disciplina. Tandem imperatore Constantinopolitano in Italiam advecto, revocanteque ad se Chrysolarum, abiit ille Florentia, et Mediolanum ad imperatorem suum se contulit.‹ Leonardus Aretinus, de Temporibus suis. Wieder anders gibt Baptist Guarino, Sohn des Guarino von Verona, den Grund

fürchtete, daß derselbe Italien gänzlich entrissen werde, indem er gehört hatte, daß der oströmische Kaiser Manuel Palaiologos, welcher sich gerade damals in Mailand aufhielt, den Gelehrten zu sich berufen habe, damit er -ihn auf seiner Reise nach Frankreich begleite. Um so größer war daher seine Freude, als er vernahm, daß derselbe zu Pavia eine sehr vorteilhafte und ehrenvolle Stellung erhalten habe.[1]) „Diese Nachricht," schreibt er an Chrysoloras, „gereicht mir zum großen Trost, sowohl Deinetwegen, dem ich alles gute wünsche, als auch um meiner selbst willen. Denn so lange Du in Italien verweilst, hoffe ich, wenn auch von Dir getrennt, Fortschritte in der Kenntnis der griechischen Sprache zu machen. Ich lasse nämlich, so viel an mir liegt, keinen Tag vorübergehen, ohne etwas aus einem griechischen Schriftsteller zu lesen. Das aber habe ich vorausgesehen und es Dir bei Deinem Weggange, wenn Du Dich noch erinnerst, auch gesagt, daß Dir, falls Du dorthin gehest, bei jenem ruhmliebenden Fürsten eine glänzende Stellung offenstehe."[2]) Der Herzog Giangaleazzo Visconti hatte ihn um ein stattliches Honorar für seine Universität in Pavia gewonnen. Dabei war er zugleich Kommissar und Prokurator seines Kaisers, um im mailändischen Gebiet die päpstlichen Ablaßbriefe zu veröffentlichen und Geld zum Türkenkriege zu sammeln.[3])

So hatten sich die Hoffnungen, welche die Florentiner Humanisten an die Berufung des Chrysoloras knüpften, nur in bescheidenem Maße erfüllt.

seines Wegganges von Florenz an: ›Is (Herzog Giangaleazzo von Mailand), cum hunc de quo loquor Manuelem, in Italiam adventasse percepisset et eum maximis apud se salariis habere cuperet, nullaque id argenti multitudine fieri posset, cum iam ille in nobilissima urbe Florentiae domicilium collocasset, a serenissimo Graecorum imperatore Manuele Palaeologo, qui tunc Byzantii obsidionem fugiens, in Galliam pergebat, ut ipse refert, impetravit, ut autoritate sua Mediolanum accerseretur. Qua quidem in re Manuel Chrysoloras animi sui modestiam declaravit, cum nulla auri cupiditate tractus, sed sola sui imperatoris maiestate permotus illuc profectus est.‹ Calogiera, Roccolta d'opusculi. t. XXV, 280). Ueber den wirklichen Grund des Wegzuges vgl. Rath. Schweizerbl. a. a. O. S. 256 ff.

[1]) ›Nam certus antea mihi videbar, ex his, quae a compluribus audissem abiisse te trans Alpes, dum Romanorum imperatorem, qui te evocaverat, in Gallias sequereris. Ex illo autem [Magistro Luca de Candia] cognovi, quod ita ab amicis tuis, qui sunt Venetiis, audierat, substitisse te Ticini, ubi praecipuum locum et honoris et commodorum nactus esses.‹ Epist. n. 83. — Nach Sassi (De studiis litterariis Mediolanensium c. VIII) lehrte er vorher schon, wenn auch nur vorübergehend, in Mailand.

[2]) A. a. O. Der Text, ohne Adresse und Datum, läßt keinen Zweifel übrig, daß der Brief an Chrysoloras gerichtet ist.

[3]) Voigt a. a. O. I, 228.

„Wenn es uns vergönnt gewesen wäre," schreibt Vergerius an Zabarella, „etwas länger den griechischen Studien obzuliegen und mit Manuel, der nicht nur gediegene Kenntnisse, sondern auch eine leichte Mitteilungsgabe besaß, in persönlichem Verkehr zu bleiben, so wären jene wenigen, die bis zum Ende im Lernen ausharrten, vollendete Kenner der (griechischen) Sprache geworden. Viele nämlich, die sich anfangs zum Unterricht eingefunden hatten, schreckten entweder die Schwierigkeiten wieder davon zurück, oder der Zweifel an einem reellen Erfolg, da sie meinten, daß es zu diesem Studium größeren Mühewalts und längerer Zeit bedürfe. Wie wenig indes in so kurzer Frist haften blieb, ich schäme mich meines Anteils keineswegs, noch reut mich die darauf verwandte Mühe und Arbeit. Denn weil ich befürchtete, was auch wirklich eintraf, daß wir leider allzufrüh unseres Lehrers beraubt werden sollten und weil ich zudem als der letzte von allen eintrat, so betrieb ich das Studium mit dem größten Eifer, um wenn möglich diejenigen, welche mir voraus waren, noch einzuholen. Aber mitten in unserem Wettlauf und schon nahe dem Ziele wurden wir unseres Führers und Lehrers beraubt. Wie meine Studiengenossen so war auch ich in der Folge bestrebt, wenn auch mit vieler Mühe und gleichsam im Finstern tappend, von mir aus die griechischen Studien zu vervollständigen. Deshalb habe ich denn auch eine um so größere Lust und Liebe zu dieser Wissenschaft, mit je größerer Arbeit die Aneignung derselben verbunden war. Und weil man nach dem was ferne liegt, stets mehr Sehnsucht hegt als nach dem Gegenwärtigen, so ist mir auch der Ort, an dem ich sie studierte, die Genossen, mit denen, und der Lehrer, von dem ich sie erlernte, so teuer."[1])

Dank seinem eisernen Fleiß brachte es Vergerius zu einem unter so schwierigen Verhältnissen anerkennenswerten Erfolge in der hellenischen Sprache. Die Lektüre griechischer Autoren war sein Trost in bedrängten Zeiten. Als ums Jahr 1400 die Pest im Norden Italiens wieder heftig auftrat, zog er sich, wie schon mehrmals in solchen Fällen, in seine Heimat Istrien zurück und verblieb sechs volle Monate daselbst, so schwer er jeden Umgang mit gelehrten Männern, an welchem er dort großen Mangel fand, während dieser langen Zeit vermißte.[2]) Sein Trost

---

[1]) Epist. n. 75. »Eius (disciplinae) causa et locum in quo didici, et sodales, quibus condidici, ac praeceptorem ipsum, a quo didici, amore plurimo complector.« — Der Inhalt dieses Schreibens läßt kaum einen Zweifel übrig, daß Vergerius den Anfang seiner griechischen Studien erst in Florenz bei Chrysoloras gemacht hat, obwohl eine Stelle in seinem Antwortschreiben an Coluccio Salutato zur Verteidigung seiner pädagogischen Abhandlung (Epist. n. 139) dagegen zu sprechen scheint, wie Rösler (Bibl. der kathol. Pädag. VII, 75) geltend macht.

[2]) Zwei Jahre vorher war die Seuche gleich nach Schluß des Schuljahres plötzlich in Florenz aufgetreten, weshalb sich Vergerius nach Bologna und von dort in die noch höher gelegene Gegend der Romandiola begeben hatte, worauf er im Oktober wieder nach Florenz zurückkehrte. Epist. n. 113 d. d. Florentiae XIX Octb. 1398.

waren die Bücher und das Studium, besonders des Griechischen. „Ich beschäftige mich viel mit Plutarch, auch etwas mit Thukydides, von dem ich finde, daß er erstern, wenn nicht an Eleganz, so doch an Tiefe des Inhalts übertrifft. Den Gorgias las ich schon zweimal vollständig durch, und ich getraue mir zu sagen, daß ich nur wenige Stellen übergehen mußte, welche ich nicht verstand. Homers Odyssee habe ich zum großen Teil gelesen mit Hilfe der Erklärung des Leonzio [Pilato] die ich mitgenommen hatte. . . Ich habe keineswegs im Sinne, dasjenige, was ich an griechischen Kenntnissen unter schweren Mühen und Sorgen mir angeeignet, zu vernachlässigen." So berichtet Vergerius einem befreundeten, mit dem Griechischen vertrauten Gelehrten, der sich zu Pavia bei Chrysoloras aufhielt. Gleichzeitig übersandte er demselben einige Poesien, desgleichen einiges aus Platon mit der Bitte, ihm darüber einen Kommentar geben zu wollen.[1])

Seinem Lehrer in der griechischen Sprache bewahrte Vergerius eine große Anhänglichkeit und Verehrung. Er bedauerte nur, daß demselben in Italien nicht eine bleibende und gesicherte Stellung verschafft werden könne. Man müsse sich schämen, klagt er Zabarella, daß Chrysoloras, der ja Römer zu werden wünsche, Grieche zu bleiben gezwungen sei, ja in beständiger Gefahr schwebe, sogar ein Gefangener der Barbaren zu werden. Noch gibt er übrigens der Hoffnung Raum, wenn Gott es einmal füge, daß die Kirche wieder geeinigt und beim apostolischen Stuhl eine Reform eingetreten sei, den gelehrten Griechen in einer seiner hohen Bildung und seinem über jeden Tadel erhabenen Lebenswandel entsprechenden Stellung in Italien zu sehen.[2])

---

[1]) Epist. n. 116 s. d. e. i. — Auf Vergerios Uebersetzung Arrians werden wir unten zu sprechen kommen. — Leonzio Pilato, ein griechischer Gelehrter, war der erste, der die homerischen Gedichte ins Lateinische übersetzte.

[2]) »Atque hic idem fortasse, si dederit Deus, ut uniatur Ecclesia et reformetur apostolica sedes, apud Italos locum se dignum inveniet.« Er fügt noch bei: »Meretur enim multa magnaque, tum doctrinae tum etiam vitae ratione, in quo praedicando, ut errare non metuo, ita nec valeo fatigari.« Epist. n. 75. Aehnlich Epist. n. 88. — Alle Schüler sind übrigens einstimmig im Lobe ihres griechischen Lehrers. Am weitesten geht darin der Veronese Guarino. Er schreibt in einem Briefe an Vergerius: »Quanta in eo liberalitas, constantia, fides, integritas, religio, modestia, sanctitas, animi magnitudo, omnium artium et maximarum rerum scientia!« Derselbe nennt ihn »integerrimum, optimum, sapientissimum sanctissimumque virum, sicut publicum quoddam intuentium speculum et exemplar . . . qui coelestem in terra vitam egit« — »divinum Manuelem« — »vere ἰσόθεος φώς.« — Verger. Epist. n. 144: »Guarinus Veronensis spectatissimo viro P. P. Vergerio, ex Venetiis, VII Kal. Septembris, s. a.

Doch brachte es Chrysoloras seit den Tagen von Florenz nicht mehr zu einer längeren und nachhaltigen Lehrthätigkeit in Italien. Der Boden war dazu noch zu wenig vorbereitet. Seine Wirksamkeit beschränkte sich vielmehr auf Gesandtschaftsreisen und Missionen in betreff der Kircheneinigung und der Vorbereitungen auf das bevorstehende Konzil.[1]) Papst Johann XXIII gab ihn den Kardinälen Anton von Challant und Franz Zabarella mit, als er dieselben 1413 zu König Sigismund sandte, um sich mit ihm über Zeit und Ort für das ökumenische Konzil zu verständigen; er ist in der Einberufungsbulle ausdrücklich genannt.[2]) Dann zog er in der Eigenschaft als kaiserlicher Botschafter beim Papst nach Konstanz. Allein kurze Zeit nach seiner Ankunft erlag er einem Fieberanfalle und wurde am 15. April 1415 in einer Kapelle des dortigen Dominikanerklosters beigesetzt. Peter Paul Vergerius widmete dem Hingeschiedenen ein Epitaphium, welches sich, am Gewölbe der Kapelle in Stein gegraben, trotz der Umgestaltung des Klosters in ein Gasthaus bis heute erhalten hat.[3] Eine Abschrift desselben sandte er, um das

---

[1]) Näheres hierüber bei Legrand, Bibliographie hellénique des quinzième et seizième siècles. Paris 1884.
[2]) v. d. Hardt, Constant. Concilium. t. VI, S. 5. — Finke, Acta Concilii Constanciensis. Münster i. W. 1896, I, 172, 393.
[3]) Die Inschrift in Majuskeln geschrieben, welche genau den Typus jener Zeit aufweisen, hat folgenden Wortlaut:
ANTE. ARAM. SITUS. EST.
DOMINVS. MANVEL.
CHRISSOLORA MILES.
CONSTANTINOPOLITA.
NVS. EX. VETVSTO.
GENERE. ROMANORVM.
QVI. CVM. CONSTA
NTINO. IMPERATORE.
MIGRARVNT. VIR. DO
CTISSIMVS. PRVDENTIS
SIMVS. OPTIMVS. QVI
TEMPORE. GENERALIS.
CONCILII. CONSTANTIEN
SIS. DIEM. OBIIT. EA. EX
TIMATIONE. VT AB. OM
NIBVS: SVMMO. SA
CERDOTIO. DIGNVS.
HABERETVR. DIE. XV
APRILIS. CONDITVS
EST M CCCC. XV.
Vgl. Biogr. Notiz über Manuel Chrysoloras von Emil Legrand, übersetzt (und

Andenken ihres gemeinsamen Lehrers zu ehren, an Guarino von Verona. Letzterer sollte, von Vergerius und andern Freunden aufgefordert, dem Chrysoloras auch ein biographisches Denkmal setzen. Allein er lehnte die Aufgabe, als zu schwer für seine Schultern, ab; viel besser, meinte er, eigne sich Vergerius selbst dafür vermöge seiner allseitigen Bildung, seines wissenschaftlichen Ansehens und seiner Zuverlässigkeit. Allein auch der letztere löste sie leider nicht.[1]

Neben den sprachwissenschaftlichen Studien und der Verwaltung seines Lehramtes ergänzte und erweiterte Vergerius zu Padua im Verein mit Zabarella seine juristischen Kenntnisse. Wie ängstlich er die Zeit ausnützte, mit welch rastlosem Eifer er die Lehrthätigkeit ausübte und zugleich an seiner eigenen Fortbildung arbeitete, davon gibt ein Brief Vergerios an seinen Freund, Ritter Santo Peregrino, beredtes Zeugnis.

„Ich verlasse kaum jemals meine Wohnung," schreibt er, „es sei denn, daß ich zur Schule gehen muß. Wenn ich der Erholung wegen oder um mich zu erheitern, einen Spaziergang mache, so wird er innerhalb des Hauses oder im Garten ausgeführt. Außerhalb ist mir nur die eine Muße, nur das einzige Vergnügen gestattet, daß ich häufig bei unserem Herrn Franciscus [Zabarella] verweilen kann. Dafür wird aber die Nachtzeit verwendet. So oft der folgende Tag frei ist, gehe ich am Abend zu ihm, obwohl durch die beständigen Studien und besonders durch je zwei tägliche Vorlesungen ermüdet. Da bekommt die Kurzweil ihren Teil; aber auch der Lektüre ernsten und heitern Inhalts wird ein Stündchen geweiht, und so bleiben wir bis tief in die Nacht hinein beisammen. Was aber meine Studienordnung betrifft, so ist sie folgende: Jeden Morgen stehe ich lange vor Tagesanbruch auf. Beim Licht sitze ich unter meinen Büchern, präge das in der Vorlesung Gehörte meinem Gedächtnisse ein und bereite mich auf das zu Hörende vor. Als einer der ersten komme ich dann in den Hörsaal, frage die Vorgerückteren, disputiere mit den auf gleicher

---

ergänzt) von Eberhard Graf Zeppelin in der Zeitschrift „Das alte Konstanz", III. Jahrg. 1883. Der Schrift ist vom Uebersetzer das Porträt des Manuel Chrysoloras im Lichtdruck, der Längenschnitt von dessen Grabkapelle sowie das Facsimile seines Epitaphiums beigefügt.

[1] Guarino schreibt an Vergerius (d. d. ex Venetiis VI Kal. Septembris s. a.): »Mones, ut communem praeceptorem et immortalitate dignum hominem ex mortali memoria perire non sincerem. Obmutui, fateor, stupensque mecum versare coepi, quam ardua quamque minime φορτά imbecillis imponas humeris ... Te vocat iste labor, qui omni doctrinarum genere et liberalissimis artibus ornatus, ipsarum praecipue vim dicendi tuo iure vindicas, et ita vindicas, ut ad ornandum maxime natus factusque pernoscaris. Accedit praeterea singularis auctoritas et optima eloquentiae comes fides.« Epist. n. 144.

Stufe Stehenden die Lehrsätze und Beweise, höre die weniger Vorgeschrittenen, wenn solche da sind, ab. Jeden Tag wohne ich zwei, häufig auch drei Lektionen bei. In dieser Weise geht mir der Tag vorbei, während der erste wie der letzte Teil der Nachtzeit dem Studium gewidmet ist.[1])

Solch rastloser Arbeit entsprach aber auch ein seltener Erfolg. Unser Gelehrter erwarb sich die Würde des Doktorats in der Philosophie und in der Medizin und des Lizentiates beider Rechte. Er trug sich sogar mit dem Plane, nach Vollendung dieser seiner Studien, der Sitte der Zeit gemäß, sich mit dem Dichterlorbeer krönen zu lassen.[2])

In Padua verlebte Vergerius überhaupt die angenehmsten und glücklichsten Tage. Sein edles, unermüdliches Streben nach Wissenschaft wie auch nach sittlicher Vervollkommnung fand an diesem Musensitze die reichste Nahrung.[3]) Da trat aber plötzlich ein Ereignis dazwischen, welches seine literarische Thätigkeit gewaltsam unterbrach und ihn selbst vom Schauplatz derselben vertrieb. Seitdem Franz der Aeltere von Carrara dem König Ludwig von Ungarn gegen die venetianische Republik Hilfe geleistet hatte (1356), sann die letztere fortwährend auf Rache und wartete nur den geeigneten Zeitpunkt ab, um den längst geschworenen

---

[1]) Epist. n. 104. d. d. Paduae, Antepaenultima Decembris 1396.

[2]) »Ut et in artibus, quas diu legi, sum doctor et in medicina — licentiatus et nunc in utroque iure parem gradum assumere [?]; quod nescio an ulli ante me contigerit. Et, si deus dederit, perfectis his studiis, ad lauream contendere statui.« Verger. Epist. 59 s. d. e. i. Der Text ist inkorrekt. Gloria (I, 492) schlägt die Lesart vor: .... et in medicina licentiatus et nunc in utroque iure parem gradum (licentiati) assumpsi. — Daß Vergerius, wie Muratori (Rer. Ital. Script. XVI. in praef. ad Verg. de vita Princip. Carrar.) und Zeno (Dissert. Voss. I, 52) sagen, am 5. März 1404 als doctor juris utriusque promoviert habe, läßt sich aus den Briefen nicht nachweisen. In einem Schreiben an Johann von Bologna bemerkt er über seine juristischen Studien: »Quod me admones ut juris civilis studium, quod meum elegi, prosequar, id sedulo facio non quod ex eo, ut tu vis, ad altum optimum statum perventurum me aut desiderem aut sperem, sed ut ex illo et melior doctior sim.« Epist. n. 68. Paduae, XIV Kal. Julii, 1395. — Die Sitte der Dichterkrönung war durch Petrarca aufgekommen, der sich i. J. 1341 auf dem Kapitol zu Rom mit dem Lorbeer krönen und eine öffentliche Urkunde darüber ausstellen ließ. Der Humanist Begius (1406—58) geißelt dies als Mißbrauch und eitle knabenhafte Prahlerei. Vgl. Begius' Erziehungslehre. Einleitung, Uebersetzung und Erläuterungen von K. A. Kopp. Freiburg i. Br. 1889, S. 104 ff.

[3]) »Sum Paduae, sanus, studiis meis intentus, eodem semper tenore fortunae, sed majore continue et liberiore animo, dum, bonorum doctorumque virorum monitis et exemplis adiutus, in virtute cresco et quotidie maior meliorque fio.« Brief an Peregrino de Zambechariis vom 1. Februar 1391. Epist. n. 54.

Untergang dieses Fürstenhauses herbeizuführen und damit die erste Eroberung auf dem Festlande zu machen. Der gewünschte Anlaß fand sich bald. Nachdem schon vorher eine Reihe von Unglücksschlägen über die carraresische Herrscherfamilie hereingebrochen, führte endlich der Krieg vom Jahre 1405 den völligen Untergang derselben herbei. Francesco II fiel, nachdem die Bürgerschaft von Padua, von der Not gedrängt, unbekümmert um das Schicksal ihres Herrn mit dem Feinde paktiert hatte, am 14. November in die Hände der Venetianer und wurde im Januar 1406 in einem Kerker der Lagunenstadt erdrosselt; mit ihm endeten auf gleich schreckliche Weise zwei Söhne, Francesco und Giacomo.

Wenig fehlte, daß Vergerius, wie er in einem Briefe an Johann (Conversanus) von Ravenna andeutet, selbst das Opfer der Katastrophe geworden wäre.[1]) Der letztere, gleichfalls Lehrer an der paduanischen Hochschule und Kanzler des Fürsten, hatte sich schon vor Ausbruch der Feindseligkeiten aus der Stadt entfernt und auch seinem Freunde Vergerio dazu geraten.[2]) Dieser unterschätzte die Gefahr, bis ihn die drohende Haltung der Bürger zwang, Padua zu verlassen, sei es, daß er infolge seiner Herkunft als geheimer Anhänger der Venetianer verdächtig war, sei es, weil er seinem Fürsten zu schleunigster Verständigung mit der mächtigen Republik geraten hatte, da er im Kriege mit derselben keine Möglichkeit der Rettung sah.[3])

Von dieser Zeit an ist das Leben Vergerios ein sehr bewegtes.

Der Verbannte von Padua fand nach der gewöhnlichen Annahme zunächst in Venedig eine Zufluchtsstätte.[4]) Doch kann sein Aufenthalt daselbst nicht, wie gewöhnlich angenommen wird, zwei Jahre gedauert haben. Denn schon um die Mitte des Jahres 1406 korrespondiert er von Rom aus und zeigt sich bereits vertraut mit den dortigen Verhältnissen.[5]) In Venedig soll Vergerius bereits Anstalten getroffen haben, in seine Heimat Istrien abzugehen, als Zabarella, der an der Spitze einer paduanischen Gesandtschaft dahin kam, um die feierliche Uebergabe von Padua an die venetianische Republik zu erklären, ihn von diesem Vorhaben zurückbrachte. Wir werden kaum fehlgehen, wenn wir annehmen, daß er es war, der den Freund veranlaßte, seine

---

[1]) »Quum vere et ipse vix ex eo naufragio evaserim..., dehiscentibus iam rimis et iam undis subeuntibus.« Epist. n. 90.
[2]) Epist. n. 90.
[3]) Babuder S. 10. — Ueber die Kriegsereignisse, welche den Sturz der Carraras herbeiführten, vgl. Kneer a. a. O. S. 31 ff.
[4]) Hist. Gym. Pat. tom. I, bei Babuder S. 18.
[5]) Epist. nn. 90 und 114.

Schritte nach der Hauptstadt der Christenheit zu lenken und dem Papst seine Dienste anzubieten.

Am Hofe Innocenz VII war der Humanismus bereits heimisch geworden und so fand Vergerius, dem der Ruf eines begabten und gelehrten Mannes vorausging, bereitwillige Aufnahme. Sofort gewann er die Gunst des Papstes, der ihm das Amt eines Sekretärs übertrug. Er war sein intimer Ratgeber und wurde überhaupt mit Auszeichnung behandelt.[1]) Seine Stellung an der Kurie gab Vergerius Gelegenheit, die dort herrschenden Zustände aus eigener Beobachtung kennen zu lernen, worüber er sich gelegentlich bei seinen Freunden ausspricht. So ist uns in einem Briefe an Johann (Conversanus) von Ravenna eine eingehende Charakteristik des Papstes Innocenz erhalten, die, weil auf unmittelbarer Erfahrung beruhend, unstreitig historischen Wert hat, und — mag auch das Bild einigermaßen idealisiert sein — das herkömmliche Urteil über dessen Charakter wesentlich zu seinen gunsten umgestaltet.[2])

„Mit Recht darf ich mich freuen," schreibt Vergerius an Johann von Ravenna, „daß ich zu Lebzeiten dieses Papstes hieher gekommen bin und in seiner Umgebung verweile, nicht so fast deswegen, weil mich derselbe mit Ehre und Wohlwollen ausgezeichnet hat, sondern weil es mir vergönnt ist, was seit langem nicht mehr der Fall war, einen sehr klugen, tüchtigen und gelehrten Oberhirten zu sehen. Denn, wie Du weißt, habe ich diese Stätte, obwohl Du mir oft das Gegenteil rietest, gänzlich gemieden und mich auf keine Weise bereden lassen, mir gerade diese Lebensstellung zu wählen. Jetzt aber, da durch ihn (den Papst) die Sitten gebessert und die Mißstände früherer Zeiten beseitigt sind, muß ich gestehen, daß ich nicht ungern hier lebe, ja daß ich, richtiger gesagt, mit Freuden im Dienste dieses Oberhirten stehe, von welchem rechtschaffene Männer (obwohl ich mir diese Bezeichnung nicht anmaße) Gutes erhoffen dürfen, schlechte dagegen Strafe befürchten müssen. Wenn die Kirche Gottes die Einheit besäße oder wenigstens den Frieden, während die Eifersucht auswärtiger Mächte jene vereitelt und diesen das Verhängnis unseres Landes,

---

[1]) Verger. Epist. n. 90. — Innocenz bestieg den päpstlichen Thron am 17. Oktober 1404 und starb schon am 6. Novbr. 1406. Vergerius muß also bald nach dessen Regierungsantritt, wahrscheinlich anfangs 1405, an die Kurie gekommen sein. Vgl. Combi im Archivio Storico per Trieste etc. Roma 1882, S. 532.

[2]) ›Di Innocenzo VII descrive il carattere, per filo per segno, in guisa da ritrarcelo assai meglio di qualcunque altra memoria, che ci sia rimasta di lui documento questo di non lieve importanza, perchè porta a modificare i giudizii della storia su quel pontefice, non potendosi accettare, quali furono dati sinora di fronte ad una testimonianza sì competente e leale.‹ So Combi, Epistolario S. XXIX.

um es so zu nennen, uns versagt, so hätte es wahrlich für rechtlich ge=
sinnte Männer nie glücklichere Zeiten gegeben, noch würde es je glücklichere
geben. Denn dieser Papst ist gegen jedermann außerordentlich herablassend,
solchen aber, die durch Tugend, Gelehrsamkeit und Bildung hervorragen,
bringt er geradezu unbegrenztes Wohlwollen und Gunst entgegen. Und
daß er dabei mit äußerster Billigkeit verfährt, ist bekannt. Denn ihn hat
nicht der Glanz seiner Vaterstadt, nicht der Adel der Geburt, weder sein
noch seiner Eltern Reichtum, sondern einzig seine Tugend und der hohe
Ruf seiner Rechtschaffenheit zum Gipfel des Pontifikats erhoben".[1]

Des ferneren schildert Vergerius in beredten Worten die gewissen=
hafte Amtsführung des Papstes, seine strenge Gerechtigkeit, welche keine
Parteinahme, keine Bestechlichkeit kenne, wie diese zu Zeiten geherrscht
habe, aber durch ihn beseitigt worden sei. Er weist hin auf Innocenz'
rastlose und unermüdliche Thätigkeit, auf seine Strenge gegen sich und
die Milde gegen andere, auf sein besonnenes Handeln, seine Liebens=
würdigkeit, Herablassung und Zugänglichkeit im geschäftlichen Verkehr,
seine genügsame Lebensweise, die jedermann als Muster dienen könne,
sowie die Milde und Güte gegen seine Bediensteten.[2]

Am 6. November 1406 starb Innocenz VII. Schon am 18. des=
selben Monats, bevor das Konklave zusammentrat, hielt Vergerius
seine berühmte Rede "für die Wiedervereinigung der Kirche"[3]
und zwar in öffentlichem oder vielmehr außerordentlichem Konsistorium,
dem nicht nur Kardinäle, sondern auch weltliche Fürsten, Gesandte und

[1] Epist. n. 90, d. d. Romae XVI Kal. Jul. 1406.
[2] Einzelne signifikante Sätze der Charakteristik mögen hier Platz finden. »Iniusta
nemo petat; iusta nulli negantur.« »Calamum illum, quo signat, cum le-
vissimus sit natura, non aliter tamen tractatur, quam si molem ingentem
digitis versaret.« »Verum quid est, quod eum videmus aestate media, cuius
intemperies molestior esse quam hyemis solet, a meridie in solis occasum,
nonnunquam etiam in noctis tenebras, sedere, nunc signantem libellos, nunc
decernentem epistolas, nunc legationes audientem, nunc decidentem negotia
privatorum.« »Ceterarum omnium rerum potior est illi cura quam sui, ac,
nisi a ministris vel ab hora iam intempestiva moneatur, neque cibi neque
somni, neque propriae commoditatis, pro studio officii causaque publica,
meminit.« »Purpura illum et summi pontificatus insignia distinguunt ab aliis;
affabilitas vero et mansuetudinis gratia, qua cunctos superat, nihil superiorem
illum ostendunt.« »Nemo in iucunditate gravior, cum gravitate nemo iucundior«
etc. — Am Schlusse des Briefes ermahnt Vergerius seinen Freund, die von ihm
soeben verfaßte Schrift »De eligibili vitae genere« Papst Innocenz VII zu widmen.
[3] »Pro redintegranda uniendaque Ecclesia ad Romanos
Cardinales oratio, tempore schismatis in concistorio habita, a. 1406,
novembri.« Ediert mit Einleitung und Noten von C. A. Combi im Archivio
Storico per Trieste, l'Istria ed il Trentino. Roma, 1882. S. 351–74.

Prälaten beiwohnen konnten. Die Thatsache, daß ein Kleriker, der an der Kurie die nur untergeordnete Stelle eines Sekretärs bekleidete, bei solcher Gelegenheit als Sprecher auftreten und den höchsten Dignitäten so bittere Wahrheiten sagen durfte, ist gewiß auffällig. Sie zeigt, wie mächtig bereits der Einfluß des Humanismus am päpstlichen Hofe geworden war; noch mehr aber läßt sie sich wohl aus der geistigen Ueberlegenheit, Gelehrsamkeit und dem tadellosen Charakter des Sprechenden erklären.[1])

Vergerius schenkte, wie seine Briefe beweisen,[2]) der großen Zeitfrage fortwährend seine Aufmerksamkeit. Er hat das Schisma miterlebt und darf somit als Zeitgenosse wie auch zufolge seiner Bildung als kompetenter Zeuge für dessen Verlauf und Entwicklungsphasen betrachtet werden. Umsomehr wird es gerechtfertigt sein, an dieser Stelle die leitenden Gedanken seiner Rede mitzuteilen.

„Jetzt ist der günstige Zeitpunkt gekommen" — so beginnt der Redner — „da der gütige Gott es in euere, d. h. der Kardinäle Hände gelegt hat, der traurigen Spaltung in seiner Kirche, welche schon so viele Jahre gewaltet, ein Ende zu machen. Lasset denselben nicht unbenützt vorübergehen, damit nicht von seite der Menschen sowohl als des unsterblichen Gottes nach seinem gerechten Urteil eine schwere Verantwortung von euch verlangt werde. Bis jetzt war eine glückliche Lösung des Streites nicht zu erreichen, indem man dabei allzu bedenkliche Wege einschlug oder zu wenig wirksame Mittel anwandte. Einer Cession der beiden Päpste wollte keine der zwei Parteien sich freiwillig fügen. Papst Innocenz, durch dessen Hinscheid der päpstliche Stuhl nunmehr erledigt ist, hat zwar geschworen, jedes Mittel zur Beseitigung der Spaltung anzuwenden, aber der Tod überraschte ihn, bevor er Hand ans Werk gelegt hatte. Indem also die bislang eingeschlagenen Wege nicht zum gewünschten Ziele führten, müssen wir jetzt denjenigen wählen, der sich uns gegenwärtig ungerufen darbietet. Von unserem Papst hat man verlangt, daß er abdanke; dann werde der Gegner dasselbe thun und hierauf in gemeinschaftlicher Versammlung ein einziger gewählt werden. Wohlan, jener hat durch sein Ableben die Cession vollzogen; an euch ist es nun, diese Thatsache der Gegenpartei dadurch kundzugeben daß ihr die Neuwahl auf eine gewisse Zeit vertagt. Thut ihr das, so wird es entweder zur Wiedervereinigung kommen müssen, oder dann wird die ganze Welt durch euer Verhalten überzeugt werden, daß das Hindernis der Einigung nicht bei euch, sondern bei der Gegenpartei zu suchen ist. Es handelt sich für euch keineswegs um einen Verzicht, sondern lediglich um eine Verschiebung der Wahl. Sollte dies

---

[1]) Vgl. auch Combi a. a. O. S. 352.
[2]) Vgl. Epist. nn. 90, 94, 112, 122.

jemanden schwer fallen, so möge er erwägen, wie viel größer für ihn das Opfer wäre, der schon erlangten Würde des Pontifikats im Interesse der Einigung wieder zu entsagen, wenn er sich jetzt nicht einmal zu einer Verschiebung verstehen kann."

„Wenn wir (b. h. der Klerus) das Uebel, dessen Urheber wir sind, nicht aus eigenem Antrieb beseitigen, so befürchte ich, daß Unberechtigte eingreifen und die streitenden Parteien zur Eintracht zwingen werden.[1]) Ja, die Fürsten und Völker sowie die unabhängige Geistlichkeit machen bereits Ernst damit, unsern Uebermut zu strafen. Schon gegen das Ende des Pontifikats Bonifaz' IX wollten etliche zur That schreiten, zur Verweigerung jeglichen Gehorsams auffordern, wäre nicht der Papst zu seinem und der Kirche Vorteil mit Tod abgegangen. Was ich hier sage, ist keine Fiktion von mir, sondern eine allgemein anerkannte Thatsache. Und nach des Papstes Tod hätten jene ihr Vorhaben vielleicht auch zur Ausführung gebracht, wenn nicht ein Mann zu seinem Nachfolger gewählt worden wäre, von dem man die größten Erwartungen hegte. Was aber Innocenz nicht leisten wollte oder konnte, das erwartet die gesamte Christenheit jetzt von euch, versammelte Väter! Wir klagen in unsern Tagen, daß die Barbaren über die christlichen Länder herfallen, daß selbst christliche Fürsten und Völker so vielfach mit einander im Kampfe liegen. Haben wir grund zu dieser Klage, wenn wir selbst, Priester und Christen, einen viel verhängnisvollern Kampf gegen einander führen?"

„Lasset ihr diese Gelegenheit, die Einheit herzustellen, unbenützt vorübergehen, so wird dieses Schisma, wie einst das griechische, für immer Wurzel fassen. Unsere Vorfahren haben nach Verlauf vieler Jahrhunderte jene Griechen, welche in Kultur, Liturgie, Wissenschaft und in ihrer ganzen Lebensweise so sehr von uns abweichen, wieder mit uns zu vereinigen gesucht. Und wir sollten das nämliche denen gegenüber vernachlässigen, welche in Hinsicht auf Bildung, Sitten und gottesdienstliche Formen mit uns übereinstimmen und sich eben erst von uns getrennt haben?"

„Es steht hier nicht in Frage, ob euere Sache die gerechtere sei. Je mehr eine Partei das Recht auf ihrer Seite hat, umsomehr ist sie verpflichtet, unbekümmert um ihren eigenen Vorteil, dem schwächern Gegner mit Bescheidenheit und schonender Herablassung zu begegnen. Die Erfüllung des christlichen Gesetzes besteht nicht darin, daß man sich auf menschliche Satzungen und Ueberlieferungen steife, sondern daß man die christliche Liebe beobachte. Das ermüdete Christenvolk fragt heute nicht darnach, auf welcher Seite das größere Recht sei, wohl aber fragt es, wer die Schuld trage, daß es zu keiner Einigung kommt. Es kann aber auch wenig

---

[1]) »Hoc ego in praesentia vereor, ne, si non ipsi, qui fecimus (clerum christianum intelligo) tollamus, illi faciant, quibus facere non licet.« Die Stelle spricht zugleich dafür, daß der Redner dem Klerikalstande angehörte.

fruchten, sich auf sein Recht zu stemmen, wenn kein Richter vorhanden ist, welcher die habernden Parteien zur Annahme des Rechtsspruches verhalten kann. Wir wollen daher lieber für die ganze Kirche die Einheit wieder= gewinnen, statt bloß für uns das Recht in Anspruch zu nehmen, um gerade durch dieses Recht ungerecht zu werden. Gerade im Hinblick auf unser besseres Recht müssen wir sorgen, daß auch der Nächste von der Sünde befreit werde, ähnlich wie man dem Kranken die Arznei anbietet und den Feind zum Frieden ermahnt. Dadurch wird der Gegenpartei keineswegs ein Recht zugestanden oder irgend welches Ansehen verliehen, zumal wenn ihr das durch eine öffentliche Erklärung ausspruchet. Man pflegt ja auch mit einem unrechtmäßigen Besitzer zu unterhandeln."

„Das wichtigste Bedenken gegen unsern Vorschlag finden die meisten darin, daß bei einer längern Sedisvakanz die Stadt, welche ja immer zu Aufruhr geneigt ist, uns verloren gehe und durch eine Invasion der Grenznachbarn in den Kirchenstaat die Kirche ihres ganzen Besitztums be= raubt werden möchte. Allein ist es nicht viel verhängnisvoller, daß durch priesterliche Eifersucht die Welt in fortwährender Spaltung erhalten werde? Hütet euch vor allem, versammelte Väter, daß ihr, indem ihr die Stadt bewachet, nicht den Erdkreis verliert, und daß ob der Sorge für eine wenig bedeutende weltliche Herrschaft nicht jeder geist= liche Gehorsam aufhöre.[1]) Zu einer Zeit, als die Kirche weniger zeitliche Güter besaß, war sie vielleicht reicher, als sie jetzt ist; sicherlich hatte sie sowohl bessere als gelehrtere Seelenhirten. Nun hat man aber bei jeder Gelegenheit ungerechte Kriege angefangen und den Unterthanen schweres Unrecht zugefügt. Nicht selten hat sich die Bevölkerung gegen die kirchlichen Oberhirten aufgelehnt, sei es, daß diese ein zu verschwenderisches Leben führten oder sich schnöder Habsucht schuldig machten, oder endlich — offen gestanden, nicht ohne unsere, d. i. des damaligen Papstes [Bonifacius], Schuld — ein grausames Regiment führten. Denn letzterer schien es geradezu darauf abgesehen zu haben, niemand zu gewinnen, wohl aber jedermann sich zu entfremden.[2]) Man braucht sich also nicht so fast darob zu ver=

---

[1]) »Cavete, patres conscripti, ne, dum urbem custoditis, orbem amittatis, et pro exiguo temporali dominio universa spiritualis obedientia depereat.« — Ueber die damalige Lage sagt Combi a. a. O. S. 854: »Nè Italia et Germania per Roma, nè Francia, Spagna e Inghilterra per Avignone stavano cosi ferme, che le une e le altre non accennassero e minacciassero anche di voler fare da sè, sostituendosi alle due curie, e traendo sotto il braccio secolare chi sa quali avanzi della unità della Chiesa. Roma stessa, insidiata da Ladislao di Napoli, divisa fra gli Orsini, i Colonna e i Savelli, usa a capovolgere ogni momento gli ordini costitutivi del suo governo, non era dimora che pro- mettesse sicurezza sia nel presente, sia nell' avvenire «

[2]) »Qui ex industria laborare videbatur ut nemini placeret, omnes affligeret.« Man vergl. das bereits oben angedeutete harte Urteil über Bonifaz: »Nonnulli etiam re aggressi sunt, sub extremum Bonifacii tempus, obedientiam

wundern, daß sich so viele von ihm getrennt haben, als vielmehr darüber, daß ihm überhaupt noch jemand treu geblieben ist. Diese letzteren mußten ihn nun eben ertragen, da sie ihn selbst zu ihrem eigenen Haupte erwählt hatten. Gott hat es freilich nicht zugelassen, daß die Wahrheit seiner Kirche verloren gehe; ansonst wäre damals die Verwirrung in derselben eine vollständige geworden."

„Es geziemt sich aber auch unserem Stande nicht, zeitliche Güter so hoch zu schätzen, daß wir aus lauter Furcht vor deren Verlust so wichtiges preisgeben. Wenn sich übrigens irgend eine auswärtige Macht unterstehen sollte, euch durch Gewalt von euerem heiligen Vorhaben abzuschrecken oder von irgendwoher in das Besitztum der Kirche einzufallen, so werden gewiß einzelne benachbarte Fürsten bereit sein, euch zu verteidigen. Wie es in der That keinen gerechtern Anlaß geben kann, euer Besitztum zu schützen, so gäbe es — wenn dasselbe nun einmal verloren gehen müßte — keinen ehrenvollern Grund, dasselbe zu verlieren. Sollen übrigens bei einem so ehrwürdigen Kollegium und in einer so heiligen Sache irdische Rücksichten entscheidend sein?"

„Hören wir aber auch das Urteil anderer erfahrener Männer. Der ehrwürdige Pater Aegidius,[1]) ein ebenso gelehrter als sittenstrenger Mann, der beim französischen König, den Reichsfürsten und bei der Pariser Bevölkerung eine hohe Verehrung genießt und bei dortiger Universität in großem Ansehen steht, versichert und gibt sein Ehrenwort dafür, daß, wenn ihr die Wahl aufschiebt, bis er selbst persönlich oder brieflich mit dem Könige Rücksprache genommen hat, von zweien eins geschehen werde: entweder wird die ganze Kirche, die sich von uns getrennt hat, zur Wahl eines Oberhirten sich mit euch vereinigen, oder der König selbst mit seinem ganzen Reich und seinem Anhang wird dem von euch gewählten Papst Treue und Gehorsam leisten. In beiden Fällen betrachte ich das Schisma als gehoben. Ich will euch auch, wenn die eben angeführte Autorität nicht genügt, die Gründe für diese Erwartung mitteilen. Unsere Gegner sind, nachdem sie vergeblich irgend einen Weg zur Wiederherstellung der Einheit zu finden hofften, ermüdet, und diejenigen, welche das Schisma

---

omnem avocare, nisi ille, commodo et sibi et ecclesiae, vita decessisset, nam sibi dedecus, grave damnum Ecclesiae imminere videbatur.« — In dem Trauerbrief auf den verstorbenen Zabarella schreibt Vergerius: »Et tunc quidem (ut vulgo ferebatur) promotus fuisset cardinalis (sc. Zabarella), nisi Bonifacius IX, qui Ecclesiae praeerat, pridem didicisset, magis existimare pecuniam quam virtutem, quarum alterius inops erat (Zabarella) alterius opulentissimus.« Verger. Epist. n. 122, S. 183. — Auch Poggio sagt: »Mortuo Bonifacio omnia in pejus versa et immutata sunt.« Hist. de var. fort. bei Combi a. a. O. S. 354 n. 1.

[1]) Egidio de Campis (Gilles Deschampes) ein berühmter französischer Theologe, von Rouen gebürtig, † 1413.

veranlaßt haben, bereuen schon längst ihr Beginnen, weil dieses eine andere Wendung genommen, als sie erwartet hatten. Sie werden daher diese für sie ehrenhafte Gelegenheit nicht abweisen, und von ihrem Irrtum, bei dem sie mehr aus Mißtrauen auf unsere redliche Gesinnung als im Vertrauen auf ihr Recht so lange verharrten, zurückkehren. Sie sehen wohl ein, daß sie nur einen geringen Teil der Christenheit repräsentieren und das Bewußtsein ihrer Schuld ist stärker als ihre Selbsttäuschung."

„Ich erkläre hier auch, daß ich den Papst Innocenz zu überzeugen bemüht war, zwei von den bekannten (drei) Vorschlägen zur Einigung mit einander zu verbinden, und zwar so, daß er sich bereit erklärte, zu gunsten eines allgemeinen Konzils abzudanken, wenn der Gegner dasselbe thue und wenn die Vollmacht, einen neuen Oberhirten zu wählen, für diesen Fall dem Konzil zugestanden würde. Durch die Cession trug er nämlich der Ehre seiner Gegner Rechnung; indem er aber zu gunsten des Konzils abdankte, gewann er den Beifall des christlichen Volkes und desjenigen Teils der Väter, deren Ansehen seit langem gänzlich darniederliegt. Indem endlich die Wahl durch das Konzil selbst geschehen sollte, kam er jenen Schwierigkeiten und jener Rivalität zuvor, welche möglicherweise zwischen euch und dem gegnerischen Kardinalskollegium entstehen konnten. Schon durch diesen einen Akt freiwilliger Abdankung hätte der Papst in der That würdig erscheinen müssen, der Vorsteher der geeinigten Kirche zu werden und überdies mannigfache Verbesserungen in derselben einzuführen und eingeschlichene Mißbräuche zu beseitigen.¹) Aber leider hat derselbe, wie er überhaupt in der Führung seiner Amtsgeschäfte etwas zu bedächtig war, nach Kenntnisnahme der verschiedenen Ansichten die Entscheidung sich allein vorbehalten und sie dann hinausgeschoben, bis der Tod ihn überraschte."

„Vergegenwärtigen wir uns bei diesem Anlaß einmal den Grund und Ursprung des jetzigen Zustandes der Kirche; vielleicht wird uns diese Betrachtung etwas demütiger stimmen und zu einem heilsamen Entschlusse führen. Ich meinerseits bin der Ansicht, daß, wenn nach Gottes Willen Petrus und Paulus von den Toten aufständen und zu uns kämen, sie ihre Kirche nicht wieder erkennen würden. Sie würden diese Kirche nicht als die ihrige annehmen, sowenig als sie selbst von uns aufgenommen würden. Denn wenn sie keine Bullen hätten, so würde man ihnen nicht glauben; sie würden aber auch deshalb schwerlich Glauben finden, weil sie weder Gold noch Silber besäßen. Wenn ich hier solche Uebelstände verurteile, so will ich mich selbst damit nicht als gut hinstellen; aber indem ich sie nenne, rede ich sicher die Wahrheit und euer Gewissen wird mir selbst dieses Zeugnis geben. Und während bei den Aposteln aller Besitz Gemeingut

---

¹) Wie bekannt, handelte dann Gregor XII auf dem Konzil von Konstanz nach diesem Vorschlage, wodurch die Einigung auch wirklich zu stande kam. Vergerios Auffassung dieser Frage wurde dadurch aufs glänzendste gerechtfertigt.

war, ist jetzt jeder nur auf seinen eigenen Vorteil bedacht. Wenn dieselben, arm und fast nackt, den Glanz unserer äußern Erscheinung sähen, so würden sie nicht begreifen, daß es diejenigen seien, welche von ihnen abstammen: sie selbst zu Fuß wandelnd, wir dagegen mit solchem Pomp einherschreitend; sie blaß und durch Fasten abgezehrt, wir mit roten, aufgeblasenen Backen und vollgesättigtem Bauche. Mit was befassen sich ferner unsere gesetzlichen Verordnungen? Mit Verbesserung der Sitten oder nicht vielmehr mit Prozessen, mit Verleihung von Pfründen und mit Rangstreitigkeiten? Und über was wird in den Konsistorien verhandelt? Nicht etwa über Herstellung der verfallenen Kirchenzucht, sondern über Ländererwerb für die Kirche, nicht über Erneuerung baufällig gewordener Gotteshäuser, sondern über Anlegung von festen Plätzen und Burgen nach Art der Tyrannen, nicht über Heranziehung eines braven und gebildeten Klerus, sondern über Anwerbung von Soldaten."

„Daß eine Aenderung dieser Zustände der wahrhafte und unzweideutige Wille Gottes sei, dafür gibt es zahlreiche und gewichtige Zeugen. Ich will mich auf die Anführung eines einzigen beschränken. Vor zwei Monaten kam Bernardin von Siena hierher, dieser arme und demütige Mann, der, in der Einsamkeit Gott dienend, das Leben eines Heiligen führt. Man würde vielleicht seinen Worten kaum Glauben beimessen, wenn nicht seine Vorhersagungen sich so oft erfüllt hätten, wie mir von dem Kardinal von Mailand, dem Legaten des päpstlichen Stuhles, vor langem schon versichert wurde. Durch letztern erhielt Bernardin zu Viterbo Audienz bei Innocenz und verkehrte in der Folge noch oft mit ihm, bei welchen Anlässen er denselben vor allem zur Einigung der Kirche ermahnte. Als er sich dann zum letzten Male beim Papste einfand, erklärte er ihm, er komme im Auftrage Gottes, um ihm zu sagen, daß er mit der Sache ernst mache und sich ganz dem Willen Gottes anheimstelle. Wenn er das thue, so werde er der wahre und einzige Papst bleiben, wenn nicht, so werde alsbald die Strafe folgen. Als ihn aber Innocenz ungnädig entließ, bemerkte Bernardin bei seinem Weggang, das Geschick hätte sich erfüllt, der Mann sei von Gott verlassen. Wenige Tage darauf fiel der Papst in eine schmerzvolle Krankheit, an der er starb."

„Ich befürchte, versammelte Väter, daß der Zorn Gottes auch auf uns fällt, wenn wir uns des nämlichen Versäumnisses schuldig machen. Der Gegenpapst wird von den Menschen gezüchtigt, wie auch seine That des Abfalls Menschenwerk ist. Unser Papst aber, welcher der wahre Papst und Gottes Stellvertreter ist, wird eben von Gott, dessen Stelle er vertritt, gestraft. Wem immer daher diese Sache am Herzen liegt — und das ist bei allen Christen der Fall — der nimmt heute zu euch, von denen er das Ende dieses Uebels erwartet, als der letzten Hoffnung seine Zuflucht. Darum beschwöre ich euch beim unsterblichen Gott und allen Heiligen, daß ihr jene Pflicht, welcher ihr euch ehr-

barer Weise nicht entziehen könnt, bereitwillig erfüllet
Sollte es dazu kommen, daß wir für unsere Partei allein ein Konzilium
abhalten, so wird das Uebel für immer befestigt sein, so daß es in Ewigkeit
nicht mehr gehoben werden kann. Es sind, wie bekannt, drei Wege zur
Tilgung des Schismas in Vorschlag gebracht worden: Aufstellung von
Schiedsrichtern, welche mit Rechtskraft entscheiden sollen; ein allgemeines
Konzil, das nach seinem Gutfinden urteile; freiwillige Abdankung beider
Päpste. Den ersten betreffend, können ihn wohl beide Teile geziemender
Weise verlangen, allein er führt zu keinem Ende. Beide Teile berufen sich
auf ihr Recht, beide auf die Gelehrsamkeit und Rechtschaffenheit ihrer
Anhänger. Was den zweiten Vorschlag betrifft, so dürfte ihn wohl die
Gegenpartei — und vielleicht nicht zu ihrer Unehre — zurückweisen. Es wäre
dies zwar ein heiliger Weg, den die Vorfahren in vielen andern wichtigen
Fragen und in ähnlicher Sache eingeschlagen haben. Weil jedoch wir auf
dem Konzil unstreitbar den größeren Anhang und daher auch die größere
Stimmenzahl hätten, so würden wohl die Gegner demselben, als für ihre
Sache gefährlich, ausweichen. Und gesetzt, sie nähmen ihn an, wer weiß,
ob nicht das Konzil kraft seiner Autorität beide Päpste zur Abdankung ver=
pflichten würde? Dann müßte man gezwungener Weise thun, was man frei=
willig und zum eigenen hohen Ruhm zu thun verschmähte."

„Der beste und leichteste Weg von allen ist somit der,
daß beide Päpste zurücktreten. Und weil bis jetzt keine Partei dies
gethan, so hat nun, was euch betrifft, Gott selbst es vollzogen. Die Ab=
dankung ist auf unserer Seite bereits geschehen.¹) Die Gegenpartei mag
nun sehen, was ihre Pflicht ist; euch liegt nur ob, abzuwarten, um ihre
Ansicht entgegenzunehmen."

„Bei euch liegt es also, den Ruhm zu erlangen, daß ihr als die
ersten an die Ausrottung dieses Schismas Hand angelegt habt, welches,
nachdem es durch Urban entstanden und von Bonifaz unberührt gelassen
wurde, Innocenz jüngst zu tilgen versucht hat.²) Bedenket, daß jeder
Verlust, der euch aus euerem Entschlusse erwachsen könnte, durch den zu
erhoffenden Gewinn reichlich aufgewogen wird. Und ob wir nun unser
Ziel erreichen oder nicht: ihr werdet Gott und die Menschen zu
Zeugen eueres guten Willens haben, ihr werdet die Ge=
rechtigkeit euerer Sache und die Redlichkeit euerer Ge=
sinnung vor aller Welt beweisen. Oder wollen wir zuwarten, bis
das christliche Volk, da es kein Ende dieser großen Uebelstände sieht, vom
Ueberdruß fortgerissen, von sich aus nach jenen Mitteln greift, welche die
Fürsten der Kirche, obwohl sie bereit liegen und sich von selbst darbieten,

---

¹) Nämlich durch den Tod des Papstes Innocenz.
²) »Schisma, quod ab Urbano natum et a Bonifacio intactum, Inno-
centius nuper evellere tentavit.«

nicht anwenden wollen, oder bis der Laienstand, unsern Ehrgeiz verwünschend, gewaltsam die Wurzeln des Uebels wegschneidet, weil der Klerus, von dem es ausgegangen, sich nichts um dessen Heilung bekümmert? Ihr werdet nicht dazu Veranlassung geben wollen, weder, daß jene sich des genannten Verbrechens schuldig machen, noch, daß wir mit Schmach und Schande uns bedecken. Benützet die Gelegenheit, welche in eueren Händen liegt, und welche die Gegenpartei wohl mit größerer Bereitwilligkeit ergreifen wird, als ihr sie darbietet. **Bedenket, daß die Kirche, unsere heilige Mutter, in Verachtung darniederliegt und daß das gesamte christliche Volk, zu eueren Füßen hingeworfen, unter Thränen bittet und eueren Schutz anfleht, auf daß endlich diesem Unglück ein Ziel gesetzt werde.** Seid überzeugt, daß all' euere Mühe und Sorge ihren Lohn bei dem unsterblichen Gott finden, daß euch aber auch der gerechte Dank aller Menschen nicht fehlen wird."

„Was aber mich betrifft, so bitte ich um Vergebung für meinen Freimut, den mir die hohe Wichtigkeit der Sache sowie mein sehnlichster Wunsch, der ja die gesamte Christenheit in gleicher Weise beseelt, eingeflößt hat. Es liegt mir fern und wäre meinerseits eine Anmaßung, vorschreiben zu wollen, was sonst in dieser Angelegenheit euch zu sagen oder zu thun obliegt. Ich dringe nur auf das Eine, daß ihr für einige Zeit vom Vollzug der Neuwahl Abstand nehmet, um inzwischen euere ganze Aufmerksamkeit auf die Ausrottung des veralteten Uebels zu richten." —

Vergerios Rede ist ohne Zweifel, wie sich schon aus der summarischen Inhaltsangabe erkennen läßt, ein in mehrfacher Hinsicht wertvolles Aktenstück, vor allem ein bedeutsames Spiegelbild der damaligen Zeitlage. Die Worte des Redners zeugen zunächst für seine Person von aufrichtiger Ehrfurcht und Liebe zur Kirche; sie lassen uns in Vergerius den kirchlich gesinnten Humanisten erkennen. Sehr bemerkenswert ist des ferneren seine entschiedene Stellungnahme für die Legitimität des römischen Papstes gegenüber dem Gegenpapste. Diese hindert ihn aber nicht, den Kardinälen die möglichste Unparteilichkeit in der Beurteilung des Gegners und die weitgehendste Rücksicht in den Verhandlungen mit demselben zu empfehlen, wodurch jenem ja kein Recht zugestanden werde. Mit seltenem Freimut schildert der Redner die traurige Lage der Kirche in ihrer Zerrissenheit und die Mißbräuche, die sich infolge dessen überall und ganz besonders auch am päpstlichen Hofe eingewurzelt haben. Wenn dabei die Farben vom Rhetor etwas stark aufgetragen sind, so wird man ihn gleichwohl als den Dolmetsch der öffentlichen Meinung betrachten dürfen, der uns zeigt, daß man sich wenigstens der eingerissenen Schäden bewußt war. Bemerkenswerte Streiflichter werfen Vergerios Worte auch auf zeitgenössische Persönlichkeiten, wie Egidio de Campis, Pietro

Filargo (den nachmaligen Alexander V), Andrea da Fano, und besonders Bernardin von Siena. Wie in den Tagen des sogenannten babylonischen Exils und nachher im Beginn des Schismas die heilige Katharina von Siena ihre warnende Stimme erhob, um den Oberhirten der Kirche an seine Pflicht zu erinnern, so sehen wir hier ihren Mitbürger Bernardin, der schon damals im Ruf außerordentlicher Tugend und Vollkommenheit stand, in die Geschicke des Papsttums eingreifen. Endlich trägt die Rede Vergerios nicht unwesentlich zur Charakterisierung der Päpste Innocenz, Urban, Bonifaz bei und ist daher auch für den Historiker sehr beachtenswert.

Den von Vergerius angestrebten Erfolg erzielte sein Mahnwort freilich nicht; die unselige Spaltung sollte ihr Ende noch nicht erreichen. Zwar zeigten sich die Kardinäle, dem Vorschlag des Sprechers willfahrend, bereit, die Wahl aufzuschieben und mit Frankreich sich ins Einvernehmen zu setzen. Allein angesichts einer in Rom drohenden Empörung fanden sie doch eine Neuwahl geboten und ernannten einstimmig den hochbetagten, als bieder und sittenrein bewährten Kardinal Angelo Corrario aus Venedig, der sich Gregor XII nannte.¹)

Auch der neue Papst zog Vergerius in seinen Dienst und erwies ihm nicht weniger Wohlwollen als dessen Vorgänger, obwohl gewisse Hofbeamte, welche ihm schon unter Innocenz wegen seines Einflusses mißgünstig gewesen waren, ihn zu verdächtigen und aus seiner Stellung zu verdrängen suchten.²) Selbst mit Zabarella bekam er damals über den Modus der künftigen Papstwahl Meinungsdifferenzen. Während sich nämlich dieser mit bedenklicher Verkennung der päpstlichen Vollgewalt entschieden für ein allgemeines Konzil aussprach, vertrat sein Freund, wie wir gesehen, offen und energisch den kirchenrechtlich korrekteren Standpunkt, ohne daß indes, wie Vergerius ausdrücklich hervorhebt, ihre freundschaftlichen Beziehungen darob getrübt worden wären. Ihm selbst aber zog seine offene Stellungnahme viele Feindschaft zu.³) Nähere Aufschlüsse über Vergerios Thätigkeit in diesen Jahren

---

¹) Hergenröther, Kirchengeschichte II, n. 50.
²) Verger. Epist. n. 102.
³) »Etenim, quum hoc tempore ego illi de re maxima publice adversarer, ... illaesa mansit apud eum benevolentiae gratia, quum tamen ob eam causam apud multos gravi odio laborarem. Agebatur enim de modo futurae electionis summi pontificis, et ille quidem certum modum prae caeteris probabat, qui probabatur a multis. Ego vero improbabam.« Verger. Epist. n. 122, S. 185. — Vgl. auch Rösler a. a. O. S. 86 f. — Kneer, a. a. O. S. 57 ff.

geben seine Briefe leider nicht. Sehr wahrscheinlich war er der Begleiter des Papstes auf der Reise, die derselbe zum Zwecke der Beilegung des Schismas unternahm. Gregor begab sich im Jahre 1407 nach Siena, um dem zu einer persönlichen Zusammenkunft zwischen ihm und dem Gegenpapst Benedikt XIII vorgeschlagenen Pisa näher zu sein; im darauffolgenden Jahr vertauschte er diesen Aufenthalt mit Rimini.[1] An beiden Orten finden wir zu gleicher Zeit auch Vergerius.[2] Wie lange er bei dem mehr und mehr in Bedrängnis kommenden Papste verblieb, läßt sich nicht bestimmen.

Im Jahre 1410 berief Papst Johann XXIII, der viele Gelehrte an sich zu ziehen suchte, den Francesco Zabarella an seinen Hof und gab ihm das abermals erledigte Bistum Florenz. Schon im darauffolgenden Jahre erhob er ihn zum Kardinal[3] und schickte ihn mit Kardinal Challant und Manuel Chrysoloras als päpstlichen Legat zu Kaiser Sigismund, um mit diesem über Abhaltung eines Konzils zur Tilgung des Schismas und der hussitischen Häresie zu verhandeln.[4] Seinen Bemühungen schreibt es Vergerius vor allem zu, daß sich Johannes persönlich zu der Synode in der vom Kaiser vorgeschlagenen Stadt Konstanz einfand.[5]

Die hohe Würde und Stellung, zu welcher Zabarella nunmehr emporgestiegen, gab auch dem Lebensschicksal des von ihm unzertrennlichen Freundes Vergerius eine entscheidende Wendung. Zwar konnte er sich nicht entschließen, an den Hof des Pisauer Papstes Johann XXIII zu

---

[1] Hergenröther, Kirchengesch. II, 52. 54.
[2] Aus Siena datieren zwei Freundesbriefe (nn. 44. 100) an Wilhelm von Ravenna (d. d. 18. Nov. 1407) und Nikolaus von Lionardi (d. d. 17. Nov. 1407). In dem von Rimini aus an Zabarella gerichteten Schreiben, dessen Datum allerdings unsicher ist, beklagt er sich in einer sehr bittern Satire über einen Kardinal (die Lesart des Namens ist unsicher), der ihn eine bequeme und schöne Wohnung, die er daselbst gemietet, zu verlassen gezwungen habe. Epist. n. 121.
[3] In einem würdigen Schreiben (d. d. Justinopoli, die 21 Junii 1411) beglückwünscht Vergerius den Freund zu seiner hohen aber verantwortungsvollen Würde. Epist. n. 7. — Bemerkenswert ist Vergerios Urteil über den Urheber der Wahl: »Joannes papa XXIII, ut doctorum virorum patrocinio se muniret illum ad se vocatum promovit, primum in episcopum florentinum, deinde in cardinalem, aeque florentinum appellatum. Qui profecto vir, alioquin virtutem parum existimans, si nil aliud boni gessit in summo pontificatu, a quo pridem dejectus est, saltem extat hoc unum laude dignum, quod quosdam viros excellenti doctrina ad cardinalatus apicem promovit.« Epist. n. 122. S. 185.
[4] Hefele im Kirchenlex. XI, 2, 1229; vgl. Verger. Epist. n. 122. S. 186.
[5] Verger. Epist. n. 122 a. a. O.

gehen, der, wie aus den oben angeführten Aeußerungen hervorgeht, seine Sympathie nicht hatte. Das dürfte auch der Grund gewesen sein, weshalb er sich für längere Zeit (1411—12) in seine Heimat Capo d'Istria zurückzog.[1]) Erst um die Mitte des Jahres 1414 finden wir ihn wieder in Bologna.[2])

Am 5. November desselben Jahres wurde in Konstanz die allgemeine Kirchenversammlung eröffnet. Dieses wichtige Ereignis gab Veranlassung, daß unser Humanist seine Heimat Italien verließ, die er von jetzt an auf die Dauer nicht mehr betreten sollte.[3]) Es ist anzunehmen, daß Vergerius auf Einladung und in Begleitschaft Zabarellas nach Konstanz ging, obschon er dessen Ansichten hinsichtlich der Beseitigung des Schismas nicht teilte. Zabarella, der sich, wie bereits erwähnt, um das Zustandekommen des Konzils sehr verdient gemacht hatte, war unstreitig einer der hervorragendsten und einflußreichsten Prälaten der hohen Versammlung. Eine große Anzahl derselben aus den verschiedensten Ländern, — sagt Vergerius in seinem Nachruf auf den Kardinal — waren seine geistigen Söhne, da sie ihn zum Lehrer gehabt hatten.[4]) An den Verhandlungen nahm derselbe sehr lebhaften Anteil, wurde mit seinem gleichberühmten Kollegen Peter d'Ailly in die über Hussens Irrlehre niedergesetzte Untersuchungskommission gewählt, übergab dem Konzil in Gemeinschaft mit einigen andern Kardinälen eine Denkschrift über die päpstliche Hofhaltung, verlas am 16. Februar 1415 im Auftrage Johanns dessen feierliche Erklärung, daß er zu resignieren bereit sei, wenn auch die beiden Gegenpäpste das gleiche thun würden. Er modifizierte im

---

[1]) Drei Briefe v. J. 1411 (nn. 72, 88, 120) und fünf aus dem J. 1412 (nn. 17, 61, 70, 123, 124) sind von Capodistria datiert.

[2]) Vgl. Epist. n. 43, d. d. Bononiae ad Julinm desinentem 1414, ›Gasparino Pergamensi‹.

[3]) Die Humanisten waren auf dem Konzil zahlreich vertreten. Wir nennen neben Vergerius und Chrysoloras: Lionardo Bruni, Bracciolini Poggio, Agapito Cenci, Bartolomeo di Montepulciano, letzterer wie Vergerius ein juristisch gebildeter Humanist. Der endlosen theologischen Diskussionen überdrüssig, begann Poggio mit seinen Freunden die Klosterbibliotheken der Umgegend, Reichenau, Weingarten, Sanct Gallen u. a. nach Hss. römischer Klassiker zu durchforschen. Bekanntlich fand er bei dieser Gelegenheit in St. Gallen die vollständige Hs. von Quintilians Werk De institutione oratoria. — Vgl. Pastor, Gesch. der Päpste. Freibg. 1891. 2. Aufl. I, 210. Voigt, I, 236 ff.

[4]) ›Vidit enim uno tempore tot discipulos suos, ex toto orbe terrarum in unum locum congregatos, qui diversis temporibus audiendo eum profecerant, quique ad varias dignitates merito suae doctrinae promoti erant, ut non temere prae omnibus, qui in Concilio erant, gloriari posset, se unum esse, qui tot tantosque filios in doctrina genuisset.‹ Epist. n. 122, S. 187.

Einverständnis mit Sigismund das Synodalbefret über das Verhältnis von Papst und Konzil, wurde von der Synode mit einigen andern Prälaten an den entflohenen Papst Johann abgesendet und bestimmte ihn, in einer zu Freiburg im Breisgau ausgestellten Urkunde seine bedingungslose Abdankung zu versprechen. Er war, wie Vergerius versichert, Vermittler und Schiedsrichter in den schwierigsten Fragen und Differenzen und wußte auch in der größten Verlegenheit Rat.[1] Nach Vergerius Ansicht, welche übrigens auch die Geschichtschreiber des Konzils teilen, herrschte der allgemeine Wunsch, daß die Papstwürde Zabarella übertragen werde; so großes Ansehen genoß derselbe infolge seiner Gelehrsamkeit, Frömmigkeit und seiner Bemühungen zur Wiederherstellung der kirchlichen Einheit.[2] Er sollte jedoch den Vollzug der Wahl nicht mehr erleben.

Es ließ sich erwarten, daß auch der vertrauteste Freund und Ratgeber des Kardinals, Vergerius, auf dem Konzil keine unbedeutende Stellung einnehmen werde. Nach verbürgten Nachrichten war derselbe im Jahre 1414 zum Kanonikus der Metropolitankirche von Ravenna ernannt worden. Demgemäß nahm er nicht nur als Begleiter und Sekretär Zabarellas, sondern kraft jenes Amtes an der Synode teil. Von ihr wurde er auch zu einem der vier Skrutataren gewählt.[3] Am 11. Juli 1415 ernannte das Konzil fünfzehn Delegierte aus den verschiedenen Nationen, welche mit Kaiser Sigismund nach Südfrankreich reisen sollten, um den starrsinnigen Gegenpapst Benedict XIII zur Abdankung zu bewegen. Das Geleite des Kaisers bestand aus Bischöfen und rechtskundigen Theologen. Zu den letztern gehörte auch unser Petrus Paulus Vergerius.[4] Die Abreise, welcher ein feierlicher Gottesdienst der Väter des Konzils vorausging, fand am 21. Juli statt. Es folgten dem Kaiser auch fast alle ungarischen Prälaten und Herren,

---

[1] »Cunctarum enim discordiarum atque contentionum quae plurimae in hoc sacro Concilio, instigante diabolo, exortae sunt, solus prae omnibus mediator atque arbiter constituebatur. Et in eam rem tam efficax erat, sive auctoritate valens, sive studio, seu magis felicitate quadam, ut saepe etiam causas desperatas de repente componeret.« A. a. O. S. 186.

[2] Verger. Epist. n. 122, S. 188. Vgl. Hefele, Kirchenlexit. XI, 2, 1230.

[3] Naldini, Corograph. di Capodistria, bei Babuder S. 22. — Als Kanonikus von Ravenna bezeichnen ihn auch mehrere andere Autoren, wie Binio, Arduino, Rossi, Fabri, Labbé=Mansi. Vgl. Combi im Archivio Storico I, 352.

[4] »Petrum Paulum de Justinopoli, Juris utriusque.« Vgl. v. d. Hardt, Acta Conc. Constant. IV, n. 465, wo sämtliche Delegierte namentlich aufgeführt werden.

20*

Petrus Paulus Vergerius der Aeltere.
Ein Beitrag zur Geschichte des beginnenden Humanismus.
Von Karl Alois Kopp.

II.

Von dem äußern Lebensgange unseres Humanisten wenden wir uns zur Würdigung seiner literarischen Thätigkeit.

Es ist von vorneherein klar, daß Vergerios vielbewegtes und wechselvolles Leben einem ausgiebigen schriftstellerischen Wirken nicht eben förderlich sein konnte. Ja man muß sich billig fragen, wie ihm — dem akademischen Lehrer von Padua und Florenz, dem Kanzler und Erzieher des karraresischen Fürstenhauses, dem steten Begleiter und Ratgeber Zabarellas, dem Sekretär des Papstes und des Kaisers, dem Delegierten und Beamten des Konzils, dem Gelehrten, welcher mit so vielen Freunden in regstem Briefverkehr stand, der überdies so häufig sein Domizil wechselte, indem wir ihn bald in Venedig, Padua, Florenz, Rom und andern italienischen Städten, bald in seiner Heimat Istrien treffen, endlich nach Konstanz und von da ins ferne Ungarland wandern sehen — überhaupt noch Muße für literarische Arbeiten übrig blieb. Umfangreiche Werke hat nun allerdings Vergerius nicht hinterlassen; was hingegen ihre Mannigfaltigkeit nach Zahl und Inhalt betrifft, so möchte man sie ein sprechendes Abbild seines Lebens nennen.

Ein genaueres Eingehen auf alle seine literarischen Produkte kann nicht die Aufgabe dieser Darstellung sein und hat wohl auch nur für die Literaturgeschichte seiner Heimat größeres Interesse. Für uns mag ein annähernd vollständiges Verzeichnis seiner Schriften mit Hinzufügung der nötigsten bibliographischen Notizen genügen. Immerhin soll jener, welchen so oder anders eine allgemeinere Bedeutung zukommt, etwas eingehender gedacht werden.

Eine weitere historiographische Arbeit Vergerios, die Historia principum Mantuanorum, kennen wir nur mehr aus Zitaten von Vossius, Bayle, Zeno, Muratori u. a. und ist dieselbe wohl für immer verloren.

Vorwiegend politischen oder religiös-politischen Inhaltes und insofern auch von historischer Bedeutung sind Vergerios Reden, von denen uns aber leider nur noch drei erhalten sind. Die bedeutendste derselben ist unstreitig diejenige Pro redintegranda uniendaque Ecclesia, gehalten im Jahre 1406 zu Rom im Konsistorium. Das Nötige darüber ist bereits oben S. 295 ff. gesagt worden. Noch genaueren Aufschluß über Vergerios Ansichten und Grundsätze inbetreff jener brennenden kirchlichen Streitigkeiten würden wir wohl erhalten, wenn wir jene andere Schrift von ihm noch hätten, die nach Papadopoli den Titel führte: Quaestiones de Ecclesiae potestate. Immerhin können wir deren Inhalt, wie Combi meint, aus Zabarellas Buch De schismate erschließen, das der Verfasser sehr wahrscheinlich gemeinsam mit Vergerius entworfen hat.

Die beiden Reden „In funere Francisci senioris de Carraria Principis" und „Oratio ad Franciscum iuniorem Paduae Principem pro communitate patavina" sind von Interesse für die Geschichte der Carrara und für das Verhältnis zwischen Padua und seinen Fürsten am Vorabend der Katastrophe, welche die letztern stürzte. Die erstere hielt Vergerius beim Leichenbegängnis des als Gefangener Viscontis zu Como gestorbenen Franz des Aeltern (21. November 1393); über die Feier schrieb er zugleich einen etwas pomphaften Bericht (De dignissimo funebri apparatu in exequiis Principis Francisci senioris de Carraria). In der letztern brachte der Redner dem Fürsten Franz dem Jüngern die Glückwünsche der Paduaner dar zur Wiedergewinnung der Stadt (1392); er bittet, derselben nunmehr die Segnungen des Friedens zuwenden zu wollen.[1] — Eine fernere Rede, welche den Titel führte In funere Othonelli Discalcii, ist verloren, was um so bedauernswerter ist, weil Discalcio, aus dem berühmten Geschlechte der Egizii stammend, ein gelehrter Professor der Universität Padua war und zu wichtigen Staatsdiensten sowohl von den Carrara als von den Herzogen von Oesterreich verwendet wurde.

Rein geschichtlich sind die drei kleinen Schriftchen De re publica veneta — De statu veteris et inclytae urbis Romae —

---

[1] Ediert bei Muratori, Rer. Ital. Script. XVI, 190—98 u. 204—15. Der Leichenrede ist das von Vergerius verfaßte Epitaphium auf Franz den Aeltern beigefügt.

De situ Justinopolis. Von der erstgenannten ist nur noch ein Teil vorhanden. Von Morelli entdeckt, wurde sie hierauf von Cigogna in einem vollständigern Exemplare publiziert, wozu Sabellico erklärende Noten schrieb. Sie ist nach den genannten Autoren wichtig für die konstitutionellen und administrativen Rechtsverhältnisse Venedigs und eröffnet die Reihe jener Autoren, welche mehr oder weniger ausführlich denselben Gegenstand behandelten. Unter letztern finden wir auch Bergerius den Jüngern, dessen Schrift oft mit derjenigen seines gleichnamigen Vorgängers verwechselt wurde.[1]

Das andere Opuskulum, von welchem Tirabojchi zuerst Nach= richt gegeben hat, ist eine Art archäologischer Studie. Schon Cola di Rienzo und Petrarca hatten sich seit dem Wiederaufleben des klassischen Altertums auf diesem Gebiete bethätigt und dem Bergerius folgten Bruni, Poggio, Filelfo, Vegio u. a.[2]) — Die letzt= genannte Schrift endlich handelt von dem mythischen Ursprung Capo d'Istrias und ist nur der Bruchteil eines größern Werkes, welches vermutlich nicht nur die Vaterstadt Bergerios, sondern ganz Istrien verherrlichen sollte. Sie wurde zum ersten Male von Muratori (jedoch mit einem ihr nicht zugehörigen Schluß) und dann von Rosetti und Tommasini im Archeografo triestino ediert.

Biographischen Inhalts sind die Vita Petrarcae und das Elogium Zabarellae. Die Vita des großen Aretiners bietet nicht, was man von einem Gelehrten wie Bergerius, der ohnedies Petrarca zeitlich so nahestand, erwarten könnte. Sie ist zum guten Teil eine Wiederholung dessen, was der Dichter in seiner Epistola ad posteros gesagt hat. Indes enthält dieselbe doch manche wertvolle Angaben über Petrarcas dichterische Thätigkeit, so namentlich einen bemerkenswerten, von Bergerios maßvollem Urteil zeugenden Bericht über dessen Gedicht „Africa".[3] — Bergerius gehört zu den ersten, welche

---

[1] Auch über Padua hatte Bergerius eine Schrift entworfen, die aber, wie es scheint, nie in die Oeffentlichkeit gelangte. Vgl. Verger. Epist. n. 75 »Fr. Zabarellae Florentino Cardinali«: »Cuius (sc. patriae tuae) quum de republica iam antea scripsissem, scripta tamen nondum edidi. Quae si emittere decrevero, nisi abs te prius visa non edentur.«

[2] Combi wollte diese Schrift wie die oben angeführte Apologia contra Albertinum Mussatum mit dem Epistolar im Druck herausgeben. Leider vereitelte der Tod sein Vorhaben.

[3] Wie unser Autor über dieses so verschieden beurteilte Werk Petrarcas dachte, ersehen wir auch aus einem Brief an Magister Bernardin de Imola (d. d Bononiae IV. Kal. Jan. 1398). Er schreibt: »Africam sane Petrarcae, quam postulas, cum apud me otiosa sit, ubi volueris, habeto. Et insuper epytomata, quae

über den Dichter geschrieben haben, wenn man ihn auch nicht als eigentlichen Biographen desselben bezeichnen kann. Publiziert ist die Vita Petrarcae in den zwei Editionen des Petrarca redivivus von Tommasini und nochmals abgedruckt von De Sade. Das Elogium Zabarellae hingegen, das heißt die Trauerrede, welche Vergerius beim Tode des Kardinals gehalten, nachdem er die Leiche nach dessen Vaterstadt Padua begleitet hatte, ist bis jetzt nicht wieder aufgefunden. Einen Ersatz dafür haben wir indes an dem wahrhaft schönen, von tiefster Pietät für den hingeschiedenen Freund durchwehten Trauerbrief (Funebris Epistola), den er von Konstanz aus an Ludovico Buzzachareno schrieb. „Derselbe", urteilt Combi,[1]) „erregte stets die Bewunderung der Kenner und die Reden Poggis und Donas über den nämlichen Gegenstand machen im Vergleiche mit ihm nur einen matten Eindruck. Es liegt eine solche Wahrheit in den darin ausgedrückten edlen Empfindungen, daß uns beim Durchlesen gewissermaßen keine Zeit vom Schriftsteller zu trennen scheint." Daß der Brief auch geschichtlich wertvoll ist, haben unsere vorigen Ausführungen bewiesen. — Der Brief wurde erstmals von Frambotto im 17. Jahrhundert ediert,[2]) dann teilweise im Tesoro von Grevio, vollständig wieder von Muratori.[3]) Eine neue kritische Ausgabe besorgte Combi in Vergerios Epistolar.[4])

Vergerius genoß bei seinen Zeitgenossen den Ruf eines ebenso gründlichen Rechtsgelehrten als Philosophen.[5]) In ersterer Eigenschaft hat er sich ohne Zweifel auch schriftstellerisch bethätigt, allein auffälliger Weise wird von keinem juridischen Werke desselben Erwähnung gethan, so daß wir seine rechtswissenschaftlichen Theorien und Grundsätze und seine Methode bloß aus den zahlreichen Werken Zabarellas erschließen

---

libris eis inscripsi, si tanti feceris, habere tibi licebit cum voles. De quo poemate, quoniam huc usque provectus sum, ita sentio esse equidem, tametsi multa desiderari in eo possint, maioris rem momenti, quam ut nostrorum hominum invidiam mereri debeat, in quo nec voluptas legendi nec fructus desit lectionis.« Epist. n. 58. — Vgl. auch Klette a. a. O. II, 25, Voigt I, 158.

[1]) A. a. O. XVIII.
[2]) Als Beigabe von Zabarellas Buch De Felicitate, zugleich mit der Leichenrede, die Poggio bei dem nämlichen Anlaß gehalten hatte Patavii 1655. — Zeno S. 58.
[3]) Rer. Ital. Script. XVI, 198—203.
[4]) »Clarissimo viro Ludovico Buzachareno Patavino pro obitu Reverendissimi Dni. Cardinalis Florentini Funebris Epistola. Constantiae Kal. Novembris 1417.« Im Epistolar Nr. 122, S. 182—88.
[5]) Volterrano nennt ihn mit mehr Emphase als Eleganz »iuris consultorum eloquentissimum et eloquentium iuris consultissimum.«

können, dessen Schüler und beständiger Mitarbeiter Vergerius war. Auf philosophischem Gebiet aber haben wir ihn bereits als Lehrer der Logik und Dialektik an den Hochschulen von Padua und Florenz kennen gelernt. Aus seinen Schriften überhaupt spricht der Geist einer echten und ernsten, auf Religion und Vernunft gegründeten Lebensweisheit. Diese zeigt sich ganz vorzüglich in der nun zu besprechenden pädagogischen Arbeit Vergerios, dem Meisterwerke unseres Gelehrten.

Der Traktat De ingenuis moribus ac liberalibus studiis entstand zur Zeit seines Aufenthaltes in Padua und ist wohl als eine Frucht der Erfahrungen zu betrachten, die der Verfasser als Erzieher des Prinzen Ubertino von Carrara gewonnen. Die Schrift ist auch ausdrücklich an seinen fürstlichen Zögling gerichtet,[1] „nicht sowohl, um ihm selbst, als durch ihn andern Belehrung zu geben". Vom Verfasser selbst in einem Briefe an Coluccio Salutato als Erstling seiner schriftstellerischen Arbeiten bezeichnet,[2] wurde dieselbe bald nach der Schlacht bei Brescia, welche im Jahre 1392 stattfand, geschrieben. Indem nämlich Vergerius in seinem Traktat auf die körperlichen Uebungen zu sprechen kommt, lobt er seinen Zögling Ubertino wegen des Mutes, den er neulich bei jener Gelegenheit an den Tag gelegt habe.[3]

Die Abhandlung, unter der man sich freilich weder eine erschöpfende, noch eine streng systematische Erziehungslehre zu denken hat, sondern eine kurze Entwicklung der allgemeinen auf Vernunft, Erfahrung und Geschichte basierten pädagogischen Prinzipien, beginnt einleitend mit einer Darlegung der Kennzeichen der geistigen und körperlichen Anlagen des Kindes und behandelt sodann in drei Abschnitten die sittlich-religiöse, intellektuelle und körperliche Erziehung.[4]

---

[1] Der vollständige Titel in der Sammelausgabe pädagogischer Schriften ex officina Roberti Winter, Basilene anno 1542 (S. 442—500) lautet: Petri Pauli Vergerii Justinopolitani ad Ubertinum Carrariensem de ingenuis moribus ac liberalibus studiis libellus.

[2] Haec quum ita sint, magna tamen est mihi spes in posterum nota, quando duo tantum de libello, qui primus est a me editus, emendanda iudicasti. Verger. Epist. n. 29.

[3] Sed et tu quoque, nisi tuas tibi laudes inviderimus, utroque illorum minor, ut eras natu, apud Brixiam nuper cum esses in exercitu Germanorum, progredi ausus es in hostes armatus, quantum ceterorum nemo militum offere se sustinuit. De ingenuis moribus, a. a. O. S. 489. — Auch Combi nimmt als Abfassungszeit 1392 an, während Sabbadini 1404 oder 5, Novati 1399 ansetzt.

[4] Eine nähere Inhaltsangabe und Würdigung der Erziehungslehre enthält meine Arbeit „Pietro Paolo Vergerio, der erste humanistische Pädagoge". Luzern, 1893. Fast gleichzeitig hat auch A. Kösler im VII. Bd. der Bibliothek der

Petrus Paulus Vergerius der Aeltere.

Vergerius war der erste Humanist, der über Erziehung der Jugend schrieb Sein Werk gab den Anstoß zu einer sehr regsamen theoretischen und praktischen Bethätigung auf diesem Gebiet und hat den folgenden Pädagogen der Renaissance: Vittorino von Feltre, Guarino, Filelfo, Vegio, Manetti, Perotti, Piccolomini, Mancinelli, Wimpheling, Bebel, Sadoleto, Roscio unverkennbar als Vorbild gedient Fast zwei Jahrhunderte lang genoß es nicht bloß in Italien, sondern auch jenseits der Alpen außerordentliches Ansehen. Es war, wie uns von Jovius und andern bezeugt wird, ein viel gebrauchtes Unterrichtsbuch in den Schulen.[1] Berühmte Gelehrte wie Bembo, Volterrano u. a. empfehlen es angelegentlich, weil es mit der schönen Sprache auch einen tiefen gediegenen Inhalt verbinde.[2] Entsprechend dieser Wertschätzung war auch seine Verbreitung, so daß sein Urheber in dieser Hinsicht von keinem der eben genannten Autoren, wenngleich sich einige größeren Ruhmes erfreuten, übertroffen wurde. Das Werklein fehlt, wie der sehr kundige Forscher Combi versichert, sei es gedruckt

---

katholischen Pädagogik S. 88—101 eine Skizze derselben gegeben. Italienischerseits ist unlängst ein Auszug des Werkleins erschienen von G. B. Gerini, Gli pedagogici Scrittori del secolo decimo quinto (S. 9—41). Torino, 1896. — Gerini sucht dabei die Ausführungen Vergerios vielfach auf Stellen griechischer und römischer Klassiker zurückzuführen.

[1] Latine autem scribendi singularis in eo seculo facultas enituit, ut apparet ex eo libello, qui de educandis liberis ad exactam disciplinam permanere atque prudenter scriptus, me puero in scholis legebatur. Paul. Jov. Elog. doct. viror.

[2] Bembo sagt: Oratio gravis et digna philosopho atque (ut in illo seculo) pererudita. — Sabellico: Gravissimis respersa sententiis, utpote qui philosophiae prius operam dederit quam ad scribendum venisset. Voll des Lobes sind besonders Vergerios gelehrte und ihm befreundete Zeitgenossen. So schreibt ihm Leonardus Aretinus: Vidi ac legi librum illum tuum, qui de ingenuis moribus inscribitur, in quo tam graviter et ornate tamque eleganter et copiose omnes illas philosophorum sententias complexus es, ut nemo sit, qui in eius libri lectione te virum doctissimum plane non praedicet. Verger. Epist. n. 136 s. d. — Und Coluccio: Cuius (libri) amoenitas me sic detinuit, ut in plenam noctem traheret et post consuetum somni spatium matutina vigilia revocaret. Quo perlecto coepi mecum summam operis, cultus, ornatus et sententiarum maiestatem, solus, ut eram, et tacitus admirari. Non enim mihi visus es adolescentulum instituere, sed ad eam vitae rationem et aetatis humanae differentias virum perfectissimum erudire. Placet stilus, placet rara penes modernos soliditas, quae sobriam redolet vetustatem; placet dispositio, quae veluti gradibus procedens, rerum naturam sequitur nec omittit aliquid, nec perturbat. Verger. Epist. n. 139 (d. d. Florentiae, IV Nonas Martii s. a.).

welche mit ihm nach Deutschland gekommen waren und außerdem 4000 Reiter.¹) Ob Vergerius von Perpignan, wo die Zusammenkunft mit Benedict stattfand, direkt nach Konstanz zurückkehrte, oder aber dem Kaiser auch auf seiner Weiterreise nach Paris und London folgte, wissen wir nicht; es sind uns weder von ihm noch von anderer Seite irgendwelche Nachrichten über seine Reiseerlebnisse erhalten.

Am 26. Oktober 1417 starb Kardinal Zabarella zu Konstanz, ein harter Verlust für das Konzil, ein noch härterer für seinen Freund Vergerius, der ihn während seiner kurzen Krankheit verpflegt hatte und in dessen Armen er sein Leben aushauchte. Als letzten Beweis seiner Freundschaft und Verehrung empfing Vergerius ein der beiden Gelehrten würdiges Geschenk, indem der verewigte Kardinal in seinem Testament ihm einen Teil seiner wertvollen Bibliothek bestimmt hatte.²) Wie schmerzlich Vergerius den Verlust seines hohen Gönners und Freundes empfand, läßt sich begreifen. Zum einzigen Troste gereichte ihm, wie er sagt, daß es Zabarella noch vergönnt war, die gesamte Kirche auf einem allgemeinen Konzil geeinigt zu sehen; was er unentwegt angestrebt hatte, war geschehen: der heilige Stuhl wurde erledigt erklärt, indem der eine von den drei Prätendenten freiwillig zurückgetreten und die beiden andern zur Entsagung genötigt worden waren.³) Es mangelte nur noch die Wahl des neuen Papstes. „Daß ihm (Zabarella) diese Auszeichnung zu teil werde", — sagt Vergerius — „war der Wunsch aller. Allein obwohl er sie verdient hätte, so war es doch wünschenswerter, auf diesem Konzil mit der Erwartung und dem Wunsche aller ohne Papstwürde zu sterben, als diese — was bei vielen zutraf — ohne Anerkennung des Konzils besessen zu haben."⁴)

Vergerius veranstaltete dem Verstorbenen ein solennes Leichenbegängnis mit dem seiner hohen Stellung und seiner Verdienste würdigen

---

¹) Ebenda IV, 482. — Die Reise ging den Rhein entlang über Schaffhausen nach Basel, dann nach Arberg, Neuenburg, Lausanne, Genf usw. — König Sigismund traf am 13. April 1417 wieder in Konstanz ein.

²) »Sed et illud quoque, ut oblivioni minime mihi tradendum, ita nec committendum silentio, quod post plurima variis temporibus officia beneficiaque in me collata, postremo, quum testamentum conderet, quorundam etiam librorum legato me honoravit.« Epist. n. 122, S. 185.

³) »Vidit insuper, quod erat in rebus hujus Concilii maximum factuque difficillimum, vacare apud omnes apostolicam sedem, et ex tribus contendentibus de papatu unum quidem sponte renunciasse, reliquos vero duos legitime fuisse depositos.« A. a. O. S. 187.

⁴) A. a. O. S. 188.

Aufwande; er selbst hielt bei diesem Anlaß die ausgezeichnete Trauerrede.¹) Kaiser Sigismund begleitete persönlich den Leichenzug und wohnte überdies dem ganzen Verlauf der Exequien bei, ein Beweis, welch große Liebe und Verehrung er für Zabarella hegte. Mit der zarten Hingabe eines Sohnes begleitete Vergerius die Ueberreste des Kardinals nach dessen Vaterstadt Padua, wo dieselben bei St. Paolo beigesetzt und dem Verewigten in der Folge ein prächtiges Mausoleum in der Kathedrale, deren Erzpriester er lange Zeit gewesen war, errichtet wurde.²)

Mit Zarabellas Hinscheiden beginnt die letzte Epoche von Vergerios Leben, über die uns indes zuverlässige Daten nicht mehr zu Gebote stehen. Nachdem Vergerius seinem Lehrer die letzte Ehre erwiesen, kehrte er nach Konstanz zurück, um fortan in dem Dienst Kaiser Sigismunds zu verbleiben, der während des dortigen Aufenthalts sein Talent und Gelehrsamkeit genugsam kennen zu lernen Gelegenheit gehabt hatte. Vergerius war übrigens schon als Sekretär Innocenz VII mit ihm in amtlichem Verkehr gestanden.³) Ohne Zweifel, sagt Voigt,⁴) sollte derselbe nicht nur als Hofdichter und Sekretär, sondern auch in größern Staatsgeschäften und als Botschafter verwendet werden. Er ist der erste unter den italienischen Humanisten, den wir im auswärtigen Dienste treffen und der sein Leben im Auslande beschließen sollte, was ihn wohl hart genug ankam. Daß wir von deutscher und ungarischer Seite nur dürftige Nachrichten empfangen, seit er mit Sigismund nach Ungarn abgezogen, ist weniger auffallend als die Thatsache, daß im Briefwechsel der Humanisten seiner keine Erwähnung mehr geschieht. Nach Palacky trat er bei der Disputation mit den Hussiten zu Prag im Juli 1420 als Hauptredner der katholischen Partei auf.⁵) Er war somit in wichtigen Angelegenheiten bethätigt und in den Akten jener Zeit — meint Voigt — dürfte sein Name nicht selten zu finden sein. Beiläufig erfahren wir, daß er sich bei Johannes Vitéz, dem Bischof von Groß-

---

¹) Die Trauerrede (Elogio dello Zabarella) ist verloren gegangen. Dagegen haben wir einen schönen Nachruf auf den Toten in Form des schon mehrfach zitierten Briefes, auf den wir unten noch zu sprechen kommen werden.
²) Zeno, Dissertaz. Vossian. tom. I (n. 122) S. 58. Babuder S. 32.
³) Vgl. den Brief »Nomine summi Pontificis Imperatori.« Verger. Epist. n. 94 s. d. — Der Papst bemerkt in seinem Schreiben: »Caetera vero, quae in disputationis vim adduci in tuum libellum possunt, dilecto filio nostro Petro Paulo Vergerio mandavimus, ut suo nomine ad te scriberet.«
⁴) Wiederbelebung des klassischen Altertums, II, 272.
⁵) Palacky, Geschichte von Böhmen, III, 140.

Europas gesucht, wurde schließlich in einem sehr schönen Exemplar — welches der nachmalige Papst Nicolaus V als Bischof von Bologna und Legat bei Kaiser Sigismund von letzterem erhalten hatte — von Didot entdeckt und befindet sich gegenwärtig in der Bibliothèque nationale in Paris.[1]

Auch auf dem Felde der Polemik oder Invektive, einer zu jener Zeit bekanntlich sehr beliebten, halb rhetorischen, halb epistolaren Literaturgattung, begegnen wir dem Vergerius. Die bezügliche Schrift führt gewöhnlich den Titel: De Virgilii statua Mantuae diruta per Carolum de Malatestis ad Ludovicum Alidosium Imolae principem. — Dem genannten Fürsten Carl Malatesta von Rimini wurde zur Last gelegt, er habe in Mantua die alte Statue des Virgilius umstürzen und in den Mincio werfen lassen. Vergerius als begeisterter Verehrer des größten lateinischen Dichters entschloß sich, in seiner an Ludovico Alidosi, den Herrn von Imola, gerichteten Streitschrift, welche er im Jahre 1397 zu Bologna veröffentlichte, den Frevler zurechtzuweisen und zur Wiederherstellung der gestürzten Statue aufzufordern. Wie scharf er aber auch mit seinem Gegner ins Gericht geht und es an Ironie nicht fehlen läßt, so behandelt er ihn immerhin mit der gebührenden Rücksicht und läßt sich nicht, wie das bei andern Humanisten nur zu oft vorkam, zu Schmähungen und persönlichen Ausfällen fortreißen. Die Invektive, welche bedeutendes Aufsehen erregte, verfehlte denn auch ihre Wirkung nicht, indem nicht nur die Statue wieder an ihren früheren Platz gesetzt wurde, sondern in der Folge auch die Gesinnung desjenigen, der sie gestürzt hatte, zu gunsten der schönen Wissenschaften sich veränderte.[2] — Gedruckt wurde sie zum ersten Male

---

[1] Ueber das merkwürdige Schicksal des Buches vgl. Voigt II, 176. — Auch der Humanist Bartolomeo Fazio unternahm (1453—57) eine Uebersetzung Arrians, weil ihm diejenige Vergerios »non satis latina neque Alexandri nomine digna« erschien, obwohl er zugibt, daß sein Vorgänger sie »ornate et commode« hätte abfassen können, »quemadmodum caetera, quae latine composuit.« Nach Voigt wäre Fazios Arbeit nur eine willkürliche Umarbeitung derjenigen seines Vorgängers.

[2] Combi S. XXIII. — Näheres über den Inhalt der Schrift, die insbesondere Vergerios Stellung zum Humanismus kennzeichnet, bei Rösler a. a. O. S. 81 f., auf dessen Ausführungen ich hier, um gesagtes nicht zu wiederholen, verweise. Vgl. Voigt I, 574. — Malatesta — ein tüchtiger Fürst und der höheren Bildung sonst nicht feindlich — hatte i. J. 1397 Mantua von der Belagerung durch den Herzog von Mailand befreit und dabei jene That begangen, weil ihm die Mantuaner mit der Statue Virgils eine Art Götzenkultus zu treiben schienen. Er wurde übrigens nicht bloß von Vergerio, sondern auch von Pontano e Mario Equicola (Storia di Mantova) scharf getadelt. Zeno S. 57.

durch Michelangelo Biondi in Venedig um die Mitte des 16. Jahrh.[1]) Später gab sie Martene als bisher unediert heraus, schrieb dieselbe Guarino zu, während sie Schelhorn als das Werk des Leonardo Aretino bezeichnete.[2]) Erst Muratori wies aus einer Handschrift der Ambrosiana den richtigen Verfasser nach. Die neueste Edition ist diejenige von Combi in Vergerios Epistolar.[3])

Von den ausschließlich religiösen Schriften unseres Autors verdienen vorzüglich seine Lobreden auf den heiligen Hieronymus, den berühmten Kirchenlehrer, Erwähnung. Der Heilige stammte aus Stridone, jetzt Sdregna in Istrien, unweit der Besitzungen, welche einst der Familie Vergerio angehört hatten. Er kann somit als Mitbürger unseres Humanisten betrachtet werden. Die Vergerii hatten, als sie noch begütert waren, das Fest des Heiligen jeweilen mit nicht geringem Aufwand von Gastmählern und Almosenspenden begangen. Da Pier Paul dieser löblichen Sitte seiner Vorfahren nicht mehr nachzukommen in der Lage war, so faßte er den von edler Pietät zeugenden Entschluß, das Andenken des großen Kirchenlehrers wenigstens durch eine jährliche Lobrede an dessen Festtag zu ehren.[4]) Diese Panegyriken hielt er in verschiedenen Städten, besonders aber in Padua, wo die theologische Fakultät der Hochschule auf seine Veranlassung hin den ausgezeichneten Lehrer der Kirche von Aquileja zu ihrem Patron auserwählt hatte. Leider sind von allen diesen Reden, welche sonder Zweifel für die Beurteilung

---

[1]) Zeno S. 56.
[2]) Ebenda.
[3]) Martene, Vet. Script. t. III, c. 868. Schelhorn, Amoen. lit. t. III, S 525. Muratori, Rer. Ital. Script XVI c. 215. — Combi, Verger. Epist. n. 86 mit der Aufschrift: Ludovico de Alidosiis Imolae Principi S. D. Bononiae, XIV Kal. Octob. 1397 (nicht 1392, wie Muratori angibt) Combi notiert auch die sehr zahlreichen Textvarianten.
[4]) Er schreibt an Santo Peregrino: »Quum enim quarto iam superiori anno quasi voto quodam constitutum a me fuerit, ut in singulos annos die illius (S. Hieronymi) festo de laudibus suis sermonem agerem idque triennio hoc sedulo praestiterim, solus hic annus a me praetermissus est, non quidem negligentia, quam velim minimum apud me posse, sed quia iter, quod in Thusciam aestate proxima suscepi, minus celeriter quam ratus eram, absolvi« Verger. Epist. n. 80 (s. d.). Vgl Epist. n. 86. — Bei den älteren Humanisten finden wir öfter eine besondere Vorliebe und Verehrung für diesen oder jenen Kirchenlehrer, den sie dann unbedenklich neben die heidnischen Klassiker rangieren. So bezeichnet Matthäus Palmieri Hieronymus und Cicero als seine Lieblingsschriftsteller (vgl. Rösler S. 233) Regius schätzte neben Virgil in seinem späteren Leben den hl. Augustin sehr hoch (vgl. meine Einleitung zu dessen Erziehungslehre, Bibliothek der kathol. Pädagogik II, 22).

unseres Autors und des älteren Humanismus überhaupt wertvoll
wären, nur noch kleine Fragmente vorhanden.¹) Außerdem verfaßte
Vergerius ein Officium des heiligen Hieronymus, das, wenigstens zum
Teil, im Codex Ramusio enthalten und überdies in alten Brevieren
gedruckt ist.²) Der handschriftlich vorhandene Sermo de religione,
sanctitate et castitate ist vermutlich nur aus verschiedenen Themen
der genannten religiösen Aufsprachen entnommen.

Von anderweitigen kleineren Arbeiten sind noch zu erwähnen:
Paulus, Comoedia ad juvenum mores corrigendos, ein
Jugendwerk des Autors, welches, in der Form den Terenz imitierend,
einen edukativen Zweck verfolgt.³) Ferner: eine lustige Satyre auf die
Wucherer (in foeneratores) unter dem Titel De cambii nomine,
gedruckt bei Muratori und Combi;⁴) der Traktat De arte metrica,
gemeinsam mit Zabarella entworfen; einige Gedichte und die Epitaphien
auf seinen Vater, auf Franz den Aeltern von Carrara, auf Chrysoloras
und Zabarella.

* * *

Noch bleibt uns ein weiteres literarisches Monument Vergerios zu
besprechen übrig — seine Briefsammlung. Diese ist es wert, daß
wir ihr einen besondern Abschnitt widmen. Nicht nur gewähren seine
Briefe einen tiefern Einblick in den politischen, geselligen und literarischen
Verkehr unseres Schriftstellers; sie spiegeln zugleich am getreusten die
Geistesrichtung seiner Zeit und insbesondere seiner eigenen
Persönlichkeit wieder.

---

¹) Eine Sammlung sah noch Ambrogio Camaldolese im Minoritenkloster zu
Florenz. Combi meint: »Forse non è perduta la speranza di ripescare dai
nascondigli delle biblioteche e degli archivii qualche altra pagina di questa
così continuata successione di scritti.« S. XXIII.

²) Nota Cod. 254 cl. XIV 1. Marcian. bei Combi S. XXIV. — Auch
M. Begins schrieb ein Officium translationis B. Monicae und B. Nicolai
Toletinatis. Vgl. meine Einleitung zu dessen Erziehungslehre a. a. O. S. 16.

³) »Iuvenis haec lusi«, sagt der Dichter im Prolog. Den Zweck bezeichnet
er mit den Worten: »Novos mores ratione corrigit vetere«; er will darthun
»quam misere parentes fallat venalis amor«. Es fehlt der Dichtung nicht an
anstößigen Stellen, die indessen Guarino, welcher voll des Lobes für sie ist, mit der
Bemerkung entschuldigt: »Se alcuni de suoi personaggi parlano et operano malo,
cosi richiede il loro carattere e non è da imputarsi al poeta. Bruceremo lo
Evangelista, perchè ci rappresenta Giuda traditore?« Gerini a. a. O. S. 13.

⁴) Rer. Ital. Script. XVI, c. 238. — In der Sammlung Combis mit der
Ueberschrift: In feneratores facetissima exprobratio. Epist. n. 133.

III.

Die **Epistolographie** hat sich bekanntlich im Zeitalter der Renaissance, zumal seit der Wiederauffindung und Verbreitung der Briefe Ciceros und Senecas, zu einem besondern Zweig der Literatur entwickelt. Anfänglich entlehnte man für die freundschaftliche und geschäftliche Korrespondenz von den klassischen Mustern kaum mehr als die epistolare Form. Nach und nach aber gestaltete sich das Briefschreiben durch die Humanisten zu einer aufs sorgfältigste gepflegten Kunst aus. Man schrieb nicht bloß für die Person, an welche der Brief gerichtet war, sondern auch für die beiderseitigen Freunde, für die Oeffentlichkeit. Daher kam es, daß man von den Briefen Abschriften nahm und ihnen überhaupt durch Kopien weitere Verbreitung gab. Nicht selten wurden dieselben in Codices gesammelt, welche — je nach den Mitteln des Autors oder Sammlers in Ausgaben von der bescheidensten Form in Papier bis zum feinsten Pergament und mit den reichsten Miniaturen geziert — der Oeffentlichkeit übergeben wurden.[1]

Die Briefe bildeten die leichteste und angenehmste Lektüre und wirkten fördernd auf die wissenschaftliche Thätigkeit. Sie dienten dem literarischen, familiären und geschäftlichen Ideenaustausch der damaligen Gelehrten, der Kritik, Polemik, aber auch dem Klatsch, und zwar sowohl der Schulen als der Höfe. Man hat sie daher nicht unzutreffend mit dem Journalismus unserer Tage verglichen. Vielfach wurde übrigens auch für wissenschaftliche Traktate die Form des Briefes gewählt. Zugleich bildete die Epistolographie das geistige Band, das die Gelehrten bei ihrer Isoliertheit und räumlichen Entfernung von einander, wie sie in den damaligen Verkehrsverhältnissen begründet war, enger zusammenschloß und das Bewußtsein einer gemeinsamen Gelehrtenrepublik wach erhielt.[2] Die so regsame Korrespondenz, verbunden mit dem Quasi-Nomadenleben der Humanisten von einer Hochschule zur andern, von einem Kulturzentrum zum andern, machen es erklärlich, wie ohne Bücherdruck und ohne irgendwelche Bequemlichkeit der Kommunikation schon wenige Jahre nach Beginn der Restauration die gelehrten Studien zu einer solchen Blüte gedeihen konnten.

Mit dem Gesagten ist zugleich auch die **literar- und kulturgeschichtliche Bedeutung** der Epistolarien bezeichnet. Der Brief ist nicht nur das treueste Abbild seines Autors, sondern auch seiner Zeit, mit ihrem Fühlen und Denken, ihren Sitten und Gebräuchen, mit

---

[1] Vgl. Combis Einleitung S. XXIX.
[2] Vgl. Voigt II, 418.

ihrer ganzen Welt- und Lebensanschauung. Selbst ohne es zu wollen, zeichnet der Schreibende oft Personen und Zustände, die Vorzüge und Schwächen seines Zeitalters getreuer und zuverlässiger als jedes andere Zeugnis. Am geringsten ist wohl der politische Wert der Renaissance-Briefe anzuschlagen. Die Gelehrten von damals pflegten politischen Urteilen und Anspielungen behutsam aus dem Wege zu gehen, einmal, weil sie die Rache der zahlreichen gestrengen Obrigkeiten fürchteten und sich in ihren literarischen Reisen nicht gehemmt sehen wollten; andererseits aber gehörte es bei ihnen gewissermaßen zum guten Ton, eine umso größere Geringschätzung gegenüber den zeitgenössischen Ereignissen an den Tag zu legen, je mehr Bewunderung und Verehrung man den Männern und Thaten des Altertums zollte. Doch gibt es hier immerhin Ausnahmen. Einzelne Humanisten, die als Kanzler oder sonstwie im Dienste des Staates oder der Kirche standen, wie Barbaro, Salutato, Traversari, Piccolomini haben auch politisch sehr bedeutsame Briefe hinterlassen. Wir werden sehen, daß in gewissem Sinne auch Vergerius diesen letzteren beigezählt werden darf.

Im übrigen ist in dieser Briefliteratur inhaltlich eine allmähliche Wandlung zu beobachten. Während der Brief anfänglich, wie bereits bemerkt, bloß nach der formellen Seite hin ein antikes Gepräge trug — so besonders noch bei Petrarca und Salutato — so gestaltete er sich in der Folge auch in seinem Inhalte zum Probestück der römischen Epistel. Die Phrasen Ciceros über Tugend, Freundschaft, Wissenschaft kehren in unzähligen Variationen wieder und bilden mit klassischen Zitaten und mythologischen Anspielungen einen Apparat, vor dem der reelle Inhalt ganz in den Hintergrund tritt und die Natürlichkeit und Frische des Gedankens sich verliert.

Doch gehen wir nach diesen allgemeinen Erörterungen, die uns für die folgenden Ausführungen nicht überflüssig schienen, auf eine nähere Prüfung des Epistolars unseres Humanisten Vergerius über

Es leuchtet von selbst ein, daß Vergerius in seinen Briefen so wenig als in den übrigen literarischen Erzeugnissen von dem Einfluß seiner Zeit unberührt bleiben konnte. So fehlt denn auch der altrömische Briefstil in keiner der uns erhaltenen Episteln. Seine gelegentlichen Exkurse über Freundschaft, Wissenschaft können die Verwandtschaft mit der Phraseologie des Arpinaten nicht völlig verleugnen. Zwar schlägt er, besonders im Verkehr mit seinen vertrauten Freunden, einen durchaus einfachen und ungezwungenen Ton an. Er entsendet seine Briefe so, wie sie ihm gerade aus der Feder fließen und will nicht durch Kopieren derselben seine Zeit verlieren. „Ich dachte nicht daran," meldet er einmal seinem Freunde Johann von Bologna, „daß das Schreiben, in welchem ich mit Dir wie in einer persönlichen Unterhaltung geplaudert habe, in die Oeffentlichkeit gelangen könnte, sonst hätte ich es entweder nicht abgeschickt oder dann besser gefeilt. Denn es entbehrte aller Würde, alles Ernstes, jeglichen Schmuckes. Wie mir die Worte gerade in den Sinn kamen, so wurden sie, ohne irgendwelche Politur, aufs Papier geworfen."[1]) Ja selbst hochgestellten und hochgelehrten Männern gegenüber macht er sich wenig Sorge um die Form. Denn er will lieber, daß man seine Briefe als unschicklich beurteile, als daß man ihn persönlich der Pflichtvernachlässigung zeihen könne".[2]) Trotzdem wäre es aber ein Irrtum, aus solchen Aeußerungen zu folgern, daß ihm der äußere Schmuck der Rede gleichgiltig gewesen sei. Wenn Vergerius auch von Poggio und Bruni an Eleganz und Formgewandtheit übertroffen wird, so zeugt doch sozusagen jede Zeile seiner Briefe von der Kunstfertigkeit des Ausdrucks, der glücklichen Nachahmung der klassischen Vorbilder und eben damit auch für die große Begabung des Schriftstellers.

Das Epistolar Vergerios, von seinem Landsmann C. A. Combi bearbeitet, aber erst nach dessen Tod durch Tomaso Luciani publiziert (Venedig 1887), enthält im ganzen 146 Briefe; 128 waren bisher unediert.[3]) Die Sammlung umfaßt chronologisch einen Zeitraum von ungefähr drei Jahrzehnten. Die meisten Briefe entfallen indes auf die Jahre 1391, 1395, 1396, 1412, also auf einen sehr beschränkten Zeitraum im Verhältnis zu der langen Lebensdauer des Autors.[4]) Daraus wird auch sofort klar, daß das Epistolar — wie dies übrigens

---

[1]) Epist. n. 68. Vgl. auch n. 113. Letzteres Schreiben, an den Kardinal von Bologna gerichtet, schließt er mit den Worten: »Litura insuper ac superinductiones magnae familiaritatis inditio fuerint, cum, quod ad te scripseram, ex angustia temporis transcribere non licuisset.«

[2]) »Malo enim, in litteras meas, ut (sc. Aldrovandinus amicus) indignas accuset, quam me ipsum neglecti damnet officii.« Epist. n. 31.

[3]) Elf davon sind von andern an Vergerius gerichtet: von Zabarella, Giovanni da Ravenna, Coluccio, Barzizza, Pellegrini, Guarino, Bruni, Antonio Barusfalbi, Francesco Zambeccari; einer ist von Barzizza an Zabarella gerichtet, handelt aber über Vergerius. — Von den früher edierten Briefen hat die meisten (12) Muratori herausgegeben, einzelne Verci, Biondi, Martenne, Schellhorn, Frambotto, Mehus, Morelli u. a.

[4]) Drei Briefe (nn. 77, 82, 119) würden nach den angegebenen Daten noch in die siebziger Jahre (1378 u. 79) fallen. Da sich Vergerius unmöglich in so jugendlichem Alter literarisch beschäftigt haben kann, so müssen die Daten irrig sein, wie überhaupt die Chronologie der Briefe nicht durchgehends eine ganz sichere ist.

vom Bearbeiter ausdrücklich betont wird — auf Vollständigkeit leider nicht Anspruch machen kann. Einzelne Jahrgänge, ja selbst mehrere aufeinander folgende, weisen keine oder nur eine sehr geringe Anzahl von Briefen auf, wiewohl außer Zweifel steht, daß Vergerius mit seinen vielen Freunden kaum weniger häufig als zu andern Zeiten verkehrt haben wird. Aus den vorliegenden aber geht des fernern hervor, daß er an manche befreundete Männer Briefe schrieb, welche nicht aufbewahrt sind oder noch der Wiederauffindung harren.[1]) Seit dem Ende des Konstanzer Aufenthaltes läßt uns die Korrespondenz des in der Fremde weilenden Humanisten völlig im Stich. Aber selbst die vorhandenen und edierten Briefe lassen inbezug auf ihre Vollständigkeit teilweise zu wünschen übrig. So vermißt man bei mehr denn 50 das Datum, bei manchen auch die Adresse; einzelne sind verstümmelt oder bloße Fragmente.[2])

Ungeachtet dieser Mängel behält jedoch das Epistolar einen nicht zu unterschätzenden literarhistorischen und geschichtlichen Wert, einmal als zuverlässigste Quelle zur Kenntnis der äußeren Lebensverhältnisse und zur Charakteristik des Autors, dann aber auch, indem es uns so mannigfache Aufschlüsse über bedeutende zeitgenössische Persönlichkeiten, Ereignisse und Zustände vermittelt.[3])

[1]) Erwähnt sind Briefe an Ugo von Ferrara, Coluccio, Donato Compostelli, Giovanni von Bologna, Zabarella, Santo Pellegrini, Chrysoloras, Antonio Baruffaldi, Guarino von Verona. Vgl. Epist. nn. 31, 38, 67, 74, 92, 109. Von den vielen politischen Briefen, welche er im Auftrag seines Fürsten, Francesco des Jüngern, verfaßte und welche noch Morelli erwähnt, ist uns nur mehr einer bekannt, desgleichen ein einziger von denjenigen, die er als Sekretär Innocenz VII schrieb. Combi bemerkt in seinem Kommentar: »Non è affatto perduta la speranza, di ricuperare più altre epistole, quando via via si porrà mano a ricomporre più essatti i cataloghi di parecchie delle nostre biblioteche, come si fa ora nell' Ambrosiana.« S. XXXI. Soviel uns bekannt, ist diesfalls Bemerkenswertes bis heute nicht zu tage gefördert worden. — Ueber die archivalischen Quellen und die großen Schwierigkeiten bei Herstellung des Textes, worüber schon Muratori klagte, s. Combis Einleitung S. XXXIII.

[2]) Combi konnte mehrere fehlende Daten ergänzen und unrichtige rektifizieren. Die Sammlung selbst gedachte derselbe chronologisch zu ordnen. Der nachmalige Herausgeber aber hat sie auf ausdrücklichen, aber schwer begreiflichen, letzten Wunsch des Verewigten alphabetisch nach den Initialen der Briefe angelegt. Die Briefe an Vergerius folgen zuletzt.

[3]) Schon Muratori, der sehnlich eine Edition aller Vergerianischen Briefe wünschte, bemerkt zu den von ihm herausgegebenen: »Illas proinde lubentissime proiicio, ea etiam de causa, quod et ipsae ad historiam illorum temporum illustrandam inservire non modicum possint. Atque hinc luculentius intelligas, quanta in Vergerio eloquentia, litterarumque latinarum peritia foret.

Was zunächst die **Personen** betrifft, mit denen unser Gelehrter im brieflichen Verkehr stand, so begegnen uns neben bekannten und zum Teil schon erwähnten Humanisten wie Johann von Bologna, Santo Pellegrini, Nicola Leonardi usw. auch eine ansehnliche Zahl historisch hervorragender Namen wie Coluccio Salutato, der berühmte florentinische Staatskanzler, Chrysoloras, der gelehrte Grieche, Admiral Carlo Zeno, der Staatsmann Zaccaria Trevisano, Kardinal Cosmo Migliorati (nachmals Innocenz VII), Fürst Ludovico Alidosi,[1]) die Fürsten von Carrara, Kaiser Sigismund.[2])

Wie schon aus dem biographischen Teil unserer Arbeit ersichtlich, gestatten diese Korrespondenzen Vergerios mit Staatsmännern und Gelehrten seiner engern und weitern Heimat manchen interessanten Einblick in deren Charakter und Gesinnungsweise, ihre wissenschaftlichen und literarischen Verdienste, wohl auch in **private Verhältnisse** und Lebensumstände. Einige charakteristische Beispiele mögen an dieser Stelle noch angeführt werden.

In einem Schreiben an Kardinal Zabarella empfiehlt Vergerius diesem den Christoforo Zeno von Venedig, Bischof seiner Vaterstadt Capodistria, zur Beförderung auf einen wichtigeren Kathedralsitz und entwirft dabei ein ebenso erbauliches als anziehendes Bild von diesem Kirchenfürsten, indem er dessen Pflichteifer, Herablassung, Sittenreinheit, Nüchternheit, Arbeitsliebe, Freigebigkeit hervorhebt.[3]) Den Venezianer Carlo Zeno beglückwünscht Vergerius in einem ausführlichen Schreiben zu dem glorreichen Sieg, den derselbe durch Gottes

---

[1]) Bei diesem Fürsten, einem großen Verehrer der Wissenschaften, stand Vergerius in hoher Achtung. In einem Brief an den Kardinal von Bologna (d. d. Florentiae XIX Octb. 1398) erzählt Vergerius: »Prae ceteris autem magnae mihi voluptati fuit, Ludovicum de Alidosiis, Imolae principem, convenire, qui me diu videre desideraverat. Longus apud eum fuit sermo de literis, variaque de studiis disputatio. Nam et praeter aliorum principum morem studiis literarum indulget.« Epist. n. 113. Ihm widmet er auch, wie oben erwähnt, die Invektive gegen Fürst Malatesta.

[2]) 17 Briefe sind an Johann von Bologna gerichtet, 11 an Santo Pellegrini, 9 an Nicolo Leonardi, ebensoviele an Zabarella, 8 an Ugo von Ferrara, 7 an Aldrovandino von Ferrara, 5 an Ludovico Buzzaccareno, 4 an Salutato, je 2 an Vergerios Vater, an Chrysoloras, Johann von Ravenna, Carlo Zeno, Donato Compostelli, Antonio Barussaldi, Jacopo Tarvisio, Remigio Soranzo, Almerico von Seravalle. — Ueberdies geschieht in vielen Schreiben, die an andere Adressen gerichtet sind, wiederholt dieser oder jener Persönlichkeit Erwähnung. In mehr denn 20 Briefen ist beispielsweise von Zabarella die Rede, in ebensovielen von Pellegrini.

[3]) Epist. n. 17, d. d. Justinopoli XIII Apr. 1412.

Hilfe und seine Anstrengung, Kühnheit und Tapferkeit als Admiral im Seekrieg davongetragen gegen einen Führer, „welcher zuerst in Frankreich und sodann im ganzen Abendland den Ruhm eines großen Feldherrn erwarb, der den König von Cypern mit Krieg bedrohte, den Saladin herauszufordern wagte, der in Syrien eindrang, Beritus zerstörte, der beutebeladen und ruhmbedeckt zurückkehrte."[1])

Dem Johann von Bologna spricht er anläßlich des Todes ihres gemeinsamen Freundes Santo Pellegrini seinen besondern Dank aus, daß er die Obsorge für die Kinder des Verewigten übernommen habe. Er bittet ihn, den Söhnen, welche noch unmündig und zudem unbemittelt seien, eine sorgfältige Erziehung angedeihen zu lassen, damit sie, dem Beispiele ihres Vaters folgend, ihm möglichst ähnlich werden möchten. Bei der Nachricht vom Hinscheiden seines Freundes — fährt er dann fort — habe er seinen schmerzlichen Gefühlen durch einen Trauerbrief Ausdruck geben wollen, allein vor Thränen und Schmerz denselben trotz wiederholter Versuche nicht vollenden können. Er fügt noch bei, daß er den Plan des Adressaten für die Erhaltung der Bibliothek des Verstorbenen billige und rät schließlich, die verwaisten Knaben nicht der Mutter zur Erziehung zu überlassen, welche sich, wie dies ja gewöhnlich der Fall sei, gegen die Knaben zu nachgiebig zeigen würde.[2])

Nicht selten fällt ein Streiflicht auf diese oder jene geschichtliche Persönlichkeit, indem der Schreiber in einem Freundesbrief gelegentlich auf dieselbe zu sprechen kommt und so bei der dem vertraulichen Briefton eigenen Freiheit und Ungezwungenheit ein um so freimütigeres Urteil abgibt. So werden z. B. von weltlichen und Kirchenfürsten erwähnt: die Päpste Innocenz VII, Alexander V und Gregor XII,[3]) der König Robert von Neapel, die meisten Fürsten von Carrara, Galeato und Carlo Malatesta, mehrere Visconti, die Patriarchen Tech und Cajetano von Venedig; von Vertretern des Waffenhandwerks

---

[1]) Epist. n. 118 Paduae XX Novemb. s. a. — Carlo Zeno (1334—1418) war ursprünglich für den geistlichen Stand bestimmt, widmete sich aber mit großem Erfolg dem Seedienst und wurde 1380 Admiral der venetianischen Flotte. Den 7. Oktober 1403 wurde er an der Küste von Morea ohne vorhergegangene Kriegserklärung (nullo indicto bello) von dem französischen Geschwader unter Führung des tüchtigen Admirals Boucicaut angegriffen, erfocht aber einen glänzenden Sieg. Zeno war auch ein Freund der Wissenschaften. — Dizionario biografico, vol. V. s. v. Zeno. Firenze, 1849.

[2]) Epist. n. 38 d. d. Paduae XVI Kal. Septem. 1396. — Briefe ähnlichen Inhalts sind nn. 7, 20, 39, 44, 68, 71, 75, 100, 103, 113, 114, 121.

[3]) Vgl. unsere vorigen Ausführungen S. 294 ff.

die Paduaner Cermisono und De' Dotti, Giovanni di Barbiano, Jacopo dal Verme, Armagnacco u. a.; von Gelehrten Marsilio da Santa Sofia, Bartolomeo di Saliceto, Lodovico Lambertacci, Ognibene Scola, Francesco Barbaro, Palla Strozzi, Antonio Loschi usw.

Reichen und mannigfaltigen Stoff bieten die Briefe vorzugsweise in kulturgeschichtlicher Hinsicht. Es gibt kaum eine Seite des damaligen öffentlichen Lebens, die in denselben nicht zur Sprache kommt und eben dadurch auch in helleres Licht gerückt wird. Ueber die Lage von Kirche und Staat, über die verschiedenen Gesellschaftsklassen, über allgemeine Zustände und zufällige Ereignisse wird kürzer oder länger, im Ernst oder Scherz, absichtlich oder gelegentlich berichtet.

Ein Schreiben an Johann von Bologna, in welchem Vergerius von der Berufswahl handelt und seinem Freunde, wie bereits oben ausgeführt wurde, berichtet, daß er entgegen dem Wunsche seines Vaters sich entschlossen habe, unverheiratet zu bleiben, um desto freier und ungehinderter der Wissenschaft leben zu können, gibt dem angehenden Manne Gelegenheit zu nachstehenden Reflexionen über die Geistesrichtung seiner Zeit:

„Man betrachtet (jetzt) diejenigen als weise, diejenigen als gut, überhaupt als glücklich, welche die große Menge dafür hält; man richtet sich nicht mehr nach einem gerechten Urteil, sondern nach dem, was die öffentliche Meinung als solches ansieht. Darum suchen wir in unsern Studien nicht das Wohlanständige und Ehrenhafte, sondern äußere Auszeichnungen und irdische Vorteile vermittelst des Ehrgeizes und der Habsucht. Jene Wissenschaften gelten als wertvoll, welche am meisten Gewinn eintragen, und jene Männer stehen im höchsten Ansehen, die, gleichviel auf welche Weise, mit Recht oder Unrecht, ihr Vermögen zu mehren verstehen. Niemand hält es mehr für schimpflich, fremdes Gut durch Wucher oder durch Betrug an sich zu reißen. Von andern höchst ungerechten Wegen zum Gewinn, die man mit umso größerer Schuldbarkeit aufsucht, je größern Vorteil sie erwarten lassen, will ich schweigen." „Man schließt sich derjenigen Partei an, welche das Volk für die mächtigere hält und bequemt sich so ihren Grundsätzen an. Wem die Mittel es erlauben, der ergibt sich den Genüssen und erschlafft im Nichtstun. Wer Geld erwerben will, tritt in den Kriegsdienst, um mit staatlicher Erlaubnis durch Gewalt und Raub fremdes Gut zu dem seinigen zu machen. Dieser widmet sich dem Handelsstand, um durch Betrug und Meineid sein Vermögen emporzubringen — jener der Wissenschaft, aber nicht, um gelehrt, sondern um möglichst reich und angesehen zu werden." [1])

---

[1]) Epist. n. 24 a. 1395.

Nicht sehr schmeichelhaft ist das Bild, das Vergerius in einem Brief an seinen Gönner Franz den Jüngern von Carrara von den damaligen Fürsten entwirft:

„Es ist eine große Gunst der Zeiten, wenn Fürsten solchen Studien sich hingeben, welche einerseits ihrer Würde durchaus entsprechen, andererseits aber auch dem Wohle ihrer Unterthanen aufs beste dienen. Denn wer nur auf Vergnügen bedacht ist oder der Habsucht fröhnt — und das ist gegenwärtig bei den meisten Fürsten der Fall — wie sollte ein solcher die Ehre seines hohen Standes wahren oder für die Interessen des Volkes in richtiger Weise sorgen können? Durch die Ueppigkeit richten sie sich selbst und ihren guten Ruf zu grunde und die Habgier verleitet sie, fremdes Eigentum ungerechterweise an sich zu reißen." Der Verfasser schildert dann kurz die mannigfachen Vorteile, die dem Fürsten eine gelehrte Bildung bringt und fügt nicht ohne Schmeichelei für seinen fürstlichen Zögling die Bemerkung bei: „Wenn die Pflege der Wissenschaft immer eine Zierde bleibt, so ist sie gerade in unsern Zeiten eine umso größere, je seltener sie bei den Fürsten zu treffen ist. Du aber bist, wie allgemein bekannt, um nicht zu sagen der Einzige, so doch einer aus den wenigen Trefflichen, welche dieser Pflicht nachkommen."[1] — Im übrigen denkt sich Vergerius als Ideal eines Fürsten nicht etwa einen einseitigen Gelehrten, der sich um alles andere nichts kümmert. Ritterliche Uebungen gehören zum künftigen Herrscher; allein sie schließen die Pflege der Wissenschaft nicht aus. „Du thust wohl daran," schreibt er seinem fürstlichen Zögling Ubertino, „daß Du einerseits den Waffendienst nicht vernachlässigest, in dem sich Deine Vorfahren stets hervorgethan haben, andererseits aber zu dem Ruhme Eueres Hauses noch denjenigen der Wissenschaft hinzuzufügen bestrebt bist."[2]

Daß auch die höheren kirchlichen Würden nur zu oft in den Besitz von Männern kamen, denen es an der zu ihrer verantwortungsvollen Stellung nöthigen Bildung oder an sittlichem Ernst gebrach, ist bei Vergerius wiederholt Gegenstand der Klage.

„Es sind viele Prälaten geworden," bemerkt er in einem Brief an Kardinal Zabarella, „welche durch eigene oder ihrer Angehörigen Bestechung

---

[1] Epist. n. 69 d. d. Paduae V Id. Augusti 1389. Vgl. auch Epist. n. 99, wo die Höflinge u. a. folgendermaßen gezeichnet werden: »Semper enim adulatoribus aula referta est, qui, vel placendi studio, vel rapiendi cupiditate, pravis regum voluntatibus obsequantur . . . Omnes ex industria, non quod deceat, sed quod potissimum placeat, animadvertunt et laudant.« — Ueber die Pflichten der Regenten handelt Vergerius schön in seiner Erziehungslehre. Da warnt er seinen fürstlichen Zögling vor den oben gerügten Fehlern, indem er betont, daß für den Fürsten die Gefahr der Verirrung größer sei, „weil es wenige gebe, welche ihnen die Wahrheit zu sagen sich getrauen und noch wenigere, welche dieselbe hören wollen."

[2] Epist. n. 19.

befördert wurden, obwohl dieselben zu ihrer Stellung ebenso untüchtig als derselben gänzlich unwürdig sind. Diese buhlen um die Würde, aber verwünschen die Bürde;¹) sie haschen ebenso begierig nach den Einkünften ihres Amtes, als sie das Sakrament der Weihe verwünschen Man sollte sie daher nicht nur nicht befördern, sondern, auch wenn sie befördert sind, ohne weiteres abberufen. Andere gibt es, die zwar nicht gerade eifrig in religiösen Dingen, ihnen jedoch auch nicht gänzlich abgeneigt sind, die infolge äußerer Verhältnisse in den Klerikalstand eintraten und zu einer kirchlichen Würde gelangten, Leute, die sich einer Aufführung bestreben, daß, wenn auch nicht völlig ihr Leben, so doch ihr äußeres Verhalten und Auftreten anständig ist. Wenn solche vielleicht nicht hätten befördert werden sollen, so können sie, da sie es nun einmal sind, geduldet werden. Es gibt aber auch manche, die, abgesehen von ihrer göttlichen Berufung, schon von Natur zu diesem Stande bestimmt scheinen, bei denen sittliche Aufführung, Charakter, Bildung und ihr ganzes Leben nicht weniger aber auch die körperliche Haltung ihrer Würde entspricht. Diese sollten nicht nur, wenn sie sich anerbieten, admittiert werden, sondern man sollte ihnen die Uebernahme des Amtes anbefehlen, falls sie sich aus Bescheidenheit nicht darum bewerben." ²) — Beim Klerus stimmen überhaupt die Thaten vielfach nicht mit den Worten überein. „In dieser Hinsicht scheinen mir die Prediger unserer Zeit zu wenig eifrig zu sein, indem sie wohl allen Fleiß auf schöne Reden, aber keinen auf gute Thaten verwenden, als ob es in Sachen des Glaubens auf die Rede und nicht auf die Lebensweise ankäme, als ob der Himmel den Rednern, nicht aber den guten und heiligen Männern gehörte." ³)

Wie sehr unserem Gelehrten überhaupt die damalige bedauerliche Lage der Kirche zu Herzen ging, haben wir bereits bei Besprechung der großen Konsistorialrede vom Jahre 1406 gesehen. Schon acht Jahre früher hören wir ihn folgendermaßen über die betrübenden Verhältnisse Roms und der gesamten Christenheit als Folge des eingerissenen Schismas klagen:

„Es herrscht in der Stadt Entvölkerung, an der Kurie Verlassenheit, bei allen Leuten Not. Und dazu werden wir von allen Seiten umringt, haben unsere Grenznachbaren zu Feinden und Räubern, die das Leben und die Güter von uns allen bedrohen, fast innerhalb der Stadt. Die Ursache all dieses Jammers ist, wie Du sicher mit mir überzeugt bist, keine andere, als dieses verderbliche Schisma, welches in der Kirche Gottes besteht.

¹) »Hi praelaturam ambiunt, sed ministerium execrantur.«
²) Vergerius empfiehlt sodann, wie oben angeführt, den Bischof von Capodistria dem Kardinal zur Beförderung. Epist. n. 17 d. d. XVIII Apr. 1412. Vgl. auch Epist. n. 121.
³) Epist. n. 86 (an seinen Vater) d. d. Paduae, pridie Kal. Oct. 1396. — Vgl. auch Epist. n. 72 (an Zabarella).

Und weil ich weiß, daß dieses Unglück Dir zu Herzen geht, so kann ich nur mit Dir trauern, da weder Rat noch That von seiten der Menschen helfen kann. Wo liegt der Grund, daß wir uns seit nahezu zwanzig Jahren in diesen Wirren befinden und die Kirche zwei getrennte Hirten der Gläubigen hat? Zwar ist ein Uebel solcher Art nicht ohne Beispiel; denn, wie wir wissen, ist auch schon in früheren Zeiten Spaltung entstanden und um das oberste Hirtenamt gestritten worden. Aber niemals hat es der Ehrgeiz der Prälaten und der böse Wille der Menschen dahin bringen können, daß der Irrtum so lange fortdauerte, es sei denn, daß wir an das griechische Schisma denken, dessen Früchte uns jetzt vor Augen liegen. Dieses hat zuerst schwere Irrtümer in Glaubenssachen nach sich gezogen, dann hat dasselbe die Sekte Mohammeds veranlaßt oder doch begünstigt, und es schließlich soweit gebracht, daß es sozusagen keine orientalische Kirche mehr gibt. Solche Gefahren — o möchte ich ein falscher Prophet sein! — solche Gefahren, sage ich, sind gegenwärtig zu befürchten, wenn diese Lage fort= dauert. Denn was immer der eine der beiden Päpste anordnet, das wird vom andern verdammt. Und derjenige von ihnen, der irgend etwas Neues in Glaubenssachen ausgedacht hat um sich den Anschein größerer Weisheit oder besserer Gesinnung zu geben, meint, daß man ihn für den wahren halten solle. Es ist das nicht ein Kampf, wie er oft zwischen Königen und welt= lichen Fürsten um die Oberherrschaft geführt wird, bei dem es sich um den Besitz von Städten, um Reichtum und eine große Anzahl von Unterthanen handelt, in welchen Beutezüge unternommen, Länder annektiert und Ortschaften eingeäschert werden: nein, es ist ein grausamerer Krieg, weil nämlich um das Reich der Päpste gestritten wird, und weil hier die Verluste umso schwerer wiegen, je weniger sie äußerlich wahrgenommen werden."[1]

Neben der kirchlichen streifen die Briefe auch dann und wann die **politische Lage** der Staaten, so des oströmischen Kaiserreiches in seinen letzten Nöten, des Königreichs Neapel unter Ladislaus, der Städte Mailand, Venedig, Florenz, Padua.[2] An Aeußerungen über Kriegsunruhen fehlt es begreiflicherweise nicht.[3] Vor Allem sind aber ein fast ständiger Gegenstand der Klage die Verheerungen der **Pest**, welch furchtbare Geißel um jene Zeit so oft Italien heimsuchte und auch unsern Gelehrten wiederholt zur Flucht aus dem infizierten Wohnsitz

---

[1] Epist. n. 112, ohne Adresse und unbeendet. Der Text zeigt, daß er an einen befreundeten kirchlichen Würdenträger gerichtet ist. Notiert sei noch die Stelle: »Nec tantis quidem bellorum facibus arderet Italia, si concors atque unita esset ecclesia. Nam omnia summus Pontifex auctoritate potestateque sua sedasset.« Verwandten Inhalts sind Epist. nn. 90, 94 u. a.
[2] Vgl. Epist. nn. 3, 4, 6, 7, 11, 17, 19, 24, 33, 35, 39 usw.
[3] Epist. nn. 13, 33, 39, 89, 109, 110.

nötigte.[1]) Nicht ohne Interesse liest man auch, wie Vergerius gelegentlich mit ein paar Strichen diese und jene **italienische Bürgerschaft oder auswärtige Nation** charakterisiert. So sagt er von den Florentinern, daß sie nicht nur mit den Waffen, sondern auch mit ihren Einbildungen Kriege führen. Den Neapolitaner nennt er stolz;[2]) dagegen wird von den Regenten Venedigs gerühmt, daß sie weise seien oder sich Weisen anvertrauen, und vom Volke, daß es sehr friedlich gesinnt und der Obrigkeit gegenüber sehr willfährig sei. „Deine Republik soll Gott danken," — schreibt er seinem Freunde **Lucio Desiderato** bei dessen Ernennung zum Großkanzler — „durch dessen Hilfe dieselbe, was immer sie in Rat und That bisher unternommen, zu einem glücklichen Ende geführt hat. Darum darf sie denn auch nicht bloß unter den Städten Italiens, sondern des ganzen Erdkreises als die reichste und glänzendste betrachtet werden, welche ihre Nachbaren achten, ihre Bundesgenossen ehren, ihre Freunde begünstigen, ihre Feinde fürchten, fremde Völker und auswärtige Nationen bewundern."[3]) Auch die Franzosen und die Deutschen lernte Vergerius als Bundesgenossen italienischer Staaten kennen. Während er jenen ihr unbeständiges Wesen zum Vorwurf macht und sagt, daß sie zwar ungestüm und hitzig angreifen, aber wenig Disciplin und keine Ausdauer zeigen, findet er, daß bei der deutschen Nation das Gold eine allzu große Zugkraft habe.[4])

---

[1]) Hier einige Beispiele: ›Ego vero ... ita studium meum urgeo, quam si mors instet, quam quisque sibi hoc saltem pestifero tempore arbitrari proximum debet.‹ Epist. n. 12 d. d. Paduae 1380. — ›Ego consulto decrevi, ut, etsi quam humiliter serviendum sit, tamen hinc abeam, ubi primum istaec pestifera contagio huc evaserit.‹ Epist. n. 23 d. d. Paduae 1395. — ›Hoc etenim vere, cum calor incalescere coeperit, invasuram existimo pestem has regiones, et passim, ut solet, homines sine delectu conculcaturam. Ego, nisi inter primos cecidero, ubi certa contagionis signa prodierint, protinus abibo.‹ Epist. n. 31 d. d. Paduae 1396. — ›Confectis anni studiis, cum iam otioso animo ad te spectarem, subito signa quaedam infectam testantia regionem se effuderunt, ex qua re plerique, qui sanissimi viderentur, consumpti sunt. Epist. n. 113 Florentiae, XIX Oct. 1398. — Vgl. Epist. nn. 2, 51, 79, 84, 92, 116. — Vgl. über die Pestepidemie im 15. Jahrh. die Angaben bei Pastor, Geschichte der Päpste III, 6.

[2]) ›Neapolitanum fastum aliquantisper sapientem.‹ Epist. n. 6.

[3]) Epist. n. 124. ›Desiderato, cl. v. Venetorum Reipublicae in cancellarium designatum congratuloria epistola.‹ Justinopoli II. Kal. Nov. 1412.

[4]) ›Hoc (sc. cladem Armagnaei comitis) nimirum Gallicae levitati eventurum quivis existimasset; nam ut impetuosos et acres, ita sine disciplina et minime duraturos primos impetus habet.‹ Epist. n. 109 d. d. Paduae 1391. Vgl. ebenda: ‹Evocavit superiore anno comitem Bavariae

Auch da und dort eingestreute Bemerkungen verschiedenster Art, wie z. B. über die verschiedenen Berufsarten, über die beste Regierungsform, wobei Vergerius der Monarchie den Vorzug einräumt,[1]) über kirchliche Beförderungen, Benefizien, Annaten; über die Studien und Studienorte, über den Buchhandel, Bücherverkehr und Bücheraustausch; über Begräbnisfeierlichkeiten, Spiele; Gratulations= und Kondolenzbriefe u. dergl. sind nicht ohne Interesse und tragen mit zu der kulturhistorischen Bedeutung des Epistolars bei.[2])

Vor allem aber spiegelt sich in den Briefen die Individualität des Autors selbst ab. Die Briefe decken uns, ohne daß jener dessen bewußt ist oder es beabsichtigt, in unmittelbarster Weise seine Vorzüge sowohl als seine Schwächen, man kann sagen, die innersten Falten seines Herzens auf und lassen uns so ein objektives und sicheres Urteil über seine Persönlichkeit gewinnen.

Vergerius ist dem Grundzuge seines ganzen Wesens nach eine ideal angelegte Natur; er faßte das Leben von früh an von einer hohen und ernsten Seite auf. Ein unausgesetztes Ringen und Streben nach Fortschritt, jedoch nicht bloß auf intellektuellem, sondern vor allem auf moralischem Gebiet, ist das eigentliche Lebensziel, das er sich vorgesetzt hat. Neben angeborener Anlage wird nicht am wenigsten das herbe Geschick seiner Jugend wie auch die Entbehrungen, die er sich noch im späteren Leben auferlegen mußte, zu dieser Geistesrichtung beigetragen haben.

Von großem und vorteilhaftem Einfluß war aber in dieser Hinsicht ohne Zweifel auch sein Umgang mit geistig hervorragenden und sittlich ernsten Männern, und unter ihnen ist es besonders der berühmte Florentiner Staatskanzler Coluccio Salutato, dessen Tugend und Gelehrsamkeit Vergerius aufs höchste schätzte und den er sich daher zu seinem geistigen Mentor erkoren hatte.[3]) Er war, wie bereits oben

---

... multum auro conductum, quod plurimum apud eas gentes vim habet.« Dagegen rühmt Vergirius Epist. 98: »Germani, qui in Italiam, ad capessendam militiae disciplinam, veluti in doctissimam bonarum artium scholam veniunt, in hoc exercitio satis strenue se gesserunt.«

[1]) Epist. n. 55. »Illud mihi ante omnia certum videtur, monarchiam, id est unius principatum, multitudinis imperio praestare.«

[2]) Vgl. Epist. nn. 7, 19, 21, 26, 29, 30, 44, 49, 50, 53, 85, 86, 99, 104, 119, 121, 129 usw.

[3]) Ueber Vergerius Beziehungen zu dem Florentiner Humanistenkreis haben wir oben (S. 279 f.) gesprochen. Als Beweis dieses stets regen Verkehrs mit den dortigen Freunden mag hier noch folgendes angeführt werden: Am Osterfest des J. 1401 fand sich bei dem greisen Staatskanzler Salutato ein Kreis eifriger Förderer und Verehrer

erwähnt, bei seinem Aufenthalt in Florenz in dessen Freundschaftskreis eingetreten und diese Freundschaft wurde eine so innige und nachhaltige, daß sie, auch als er von seinem „Vater und Lehrer" sich trennen mußte, ungemindert fortbestand. Von Padua aus, wo er seine praktische Wirksamkeit als Dozent an der Hochschule begann, unterhielt Vergerius einen fortdauernden geistigen Verkehr mit Coluccio und gab ihm von Zeit zu Zeit getreuen Bericht über seine äußern Verhältnisse, über den Stand und Erfolg seiner wissenschaftlichen Studien und insonderheit seines religiös-sittlichen Strebens.

„Ich bin gesund und glücklich," schreibt er ihm bald nach Eröffnung seiner Lehrthätigkeit in Padua (1391), „in bezug auf meine äußern Verhältnisse zwar nicht günstiger gestellt, aber heiterer und von Tag zu Tag ruhiger gesinnt, indem ich mich täglich mehr von bösen Leidenschaften abgezogen, im Guten dagegen gehoben fühle. Ich strebe mit allem Eifer nach der Wissenschaft, noch mehr jedoch nach sittlicher Güte und Freiheit." [1]) Zum Schlusse bittet er den Meister, daß er ihm in einem baldigen Briefe Anleitung gebe zu einem guten und vollkommenen Leben, nach dem er so sehr strebe. Coluccio antwortet ihm kurz, er möge den Sokratischen Grundsatz befolgen, daß er derjenige sei, als welcher er andern erscheinen möchte. Weil es jedoch auch Leute gebe, die sich sogar ihrer Laster rühmen, so glaubt er seinen Ratschlag noch dahin vervollständigen zu sollen: „Wenn Du Dich als vollkommenen Beobachter der christlichen Religion erweisest, so darfst Du versichert sein, den richtigen Lebensweg und das höchste Ziel desselben gefunden zu haben."[2]) Durch diese Antwort ist aber der wißbegierige Schüler noch nicht befriedigt. In betreff des ersten Punktes — schreibt er zurück — müsse er weiter fragen, wie beschaffen er denn andern erscheinen solle? Doch fügt er gleich bei: „Damit Du aber für die Zukunft ein günstiges Urteil von mir bekommst, so wisse, daß ich bereits jene Stufe der Tugend erreicht habe, daß es

---

der Wissenschaften ein, so Leonardo Bruni, Niccolo Niccoli, Roberto Rossi. Man begann eine lebhafte Disputation über den Stand der Wissenschaften, wobei besonders für und gegen die literarischen Verdienste Dantes, Petrarcas und Boccaccios gestritten wurde. Bruni schrieb hierauf die Wechselrede nieder und widmete die Schrift dem Vergerius, der so gleichsam ein abwesender Teilnehmer der Disputation wurde. Vgl. Klette (a. a. O. II, 1 ff.), der die Schrift (Leonardi Aretini ad Petrum Paulum Istrum dialogus) zum ersten Mal vollständig edierte.

[1]) »Curo multo studio, ut literatus sim, sed magis, ut bonus et liber.« Epist. n. 106 d. d. Paduae ultimo Januarii 1391.

[2]) »Unde illud satis credas, te, si te perfectum religionis christianae cultorem exhibeas, et rectissimae vitae methodum et finem, in quem cuncta dirigas, invenisse.« Colucii de Salutatis Epist. ad Verger. n. 138 d. d. Florentiae XI Martii 1391. — F. Novati, Epistolario di Coluccio Salutati, vol. II. 277. Roma, 1893.

mir gar keine Sorge macht, wie ich von andern beurteilt werde. Ich bestrebe mich, gut zu sein; wie ich andern erscheine, mögen sie selbst beurteilen. Gib mir also Vorschriften, wie ich sein soll; wie ich andern erscheine, das sei ihre Sorge. Die zweite Ermahnung aber, wodurch Du in mir einen entschiedenen Bekenner der christlichen Religion sehen willst, finde ich durchaus richtig, weil nämlich diese heilige Religion, kraft der Wahrheit ihrer Lehre, die genaueste Richtschnur des rechtschaffenen Lebens enthält und weil unser Glaube durch kein gewichtigeres Zeugnis als eben durch ein rechtschaffenes Leben auf grund der Religion bewiesen werden kann. Obwohl mir nun das genügen sollte, so suche ich gleichwohl noch klarere Beweise, weil ich mir nämlich nicht völlig bewußt bin, inwiefern ich ein vollkommener Diener dieser Religion sein kann. Was ich glauben soll, weiß ich genugsam, aber noch nicht so, was ich thun soll. Ich wende mich auch nicht an Dich als Theologen, obwohl Du in diesem Fache wohl erfahren bist, sondern an den Philosophen, der das Leben ordnet, das sittliche Verhalten regelt und den Weg zum guten und richtigen Leben weist."[1])

Aufrichtige religiöse Gesinnung und ein dieser Gesinnung entsprechender Lebenswandel begründen also nach Vergerios Ueberzeugung das wahre Glück des Menschen. Diese geben ihm zudem Trost und Zufriedenheit im Leben und dereinst ewigen Lohn.

„Das wertvollste Besitztum für den Menschen ist ein reines, gottgeweihtes, mit Tugend und gutem Gewissen begabtes Herz. Wer das besitzt, der ist der beste Mann, glücklich schon bei Lebzeiten, ruhig und gefaßt im Sterben. Das Glück macht ihn nicht übermütig, das Unglück drückt ihn nicht darnieder. Er setzt alle Hoffnung auf Gott, der ihn vor Widerwärtigkeiten beschützt. Unter einer reinen Gesinnung aber verstehe ich nicht diejenige, welche aus mangelnder Erfahrung leicht getäuscht werden, selbst aber nicht täuschen kann, sondern jene, welche dank ihrem Reichtum an Tugend allen Menschen nur Gutes wünscht. In solcher Gesinnung ist nichts Zweideutiges, keine Verstellung, keine Heimlichkeit, sondern in jeder Hinsicht volle Offenheit. Wer von dieser Gesinnung beseelt ist, der wird nicht nur, wie Cicero sagt, nichts zu thun, sondern selbst nichts zu denken sich getrauen, was er nicht auszusprechen wagt. Denn wenn selbst der Gottlose, der keine Achtung vor der Tugend hat, sich schämt, etwas Schlechtes zu thun, und zwar nicht bloß vor Guten, sondern sogar vor seinesgleichen, wie viel mehr werden sich gewissenhafte Menschen fürchten, in Gegenwart Gottes, vor dem alles, selbst unsere geheimsten Gedanken

---

[1]) Epist. n. 10 d. d. Paduae X Maii 1391. — Aehnlich Epist. n. 93, in welcher er den Salutato »princeps philosophorum huius saeculi« nennt, und ihn bittet, seine Erörterungen über die Tugend, welche er im Kreise seiner Vertrauten zu halten pflege, in Briefform zu veröffentlichen.

offenbar sind, böse zu denken oder zu handeln?... Dessen also ist der rechtschaffene Mensch sich stets bewußt: was immer er redet, thut oder denkt, bei allem ist Gott gegenwärtig. Ihm gibt er sich hin, ihm dient er in aller Treue, auf ihn baut er seine Hoffnung, ihm zollt er seine höchste Liebe und Verehrung, nach ihm geht all sein Verlangen. Er besucht fleißig die Kirche, wohnt andächtig dem Gottesdienste bei, liest mit Eifer die heiligen Schriften, hört gern das Wort des Heiles an und empfindet dadurch schon in dieser Welt etwas von jener Glückseligkeit, welche nach diesem sterblichen Leben seiner wartet. Denn Gott läßt die Guten, um ihre Sehnsucht nach ihm noch mehr zu beleben, schon hienieden gleichsam rätselhaft und wie in einem Spiegel jene Seligkeit kosten und empfinden, welche er ihnen als Lohn ihrer Treue verheißen hat. Daher bleibt jenes Sprichwort, — obwohl es von den Schlechten verkehrt aufgefaßt wird — wahr, welches lautet: Diejenigen, die im Leben glücklich sind, sind es auch nach dem Tode. Denn niemand ist (wahrhaft) glücklich, außer wer gut, wer tugendhaft ist und ein reines und lauteres Gewissen hat. Diesem letztern ergeht es schon auf Erden wohl und nach dieser Zeitlichkeit ist ihm das ewige Leben mit seinem unbegreifbaren Glücke bereitet. Jene aber, welche die Menge für glücklich hält, weil sie über andere gebieten und Schätze und Reichtümer im Ueberfluß besitzen, welche aber vor Habsucht schmachten oder vor Wollust brennen, in Zorn aufwallen, von Furcht ge= ängstigt werden, in Wünschen sich abhärmen und in eitler Hoffnung sich verzehren — solche sind niemals glücklich. Der rechtschaffene Mensch weiß sich frei von solchen Leidenschaften; er hat seine Triebe so in seiner Gewalt, daß sie ohne Widerstreben der Vernunft gehorchen. Er müht sich nicht ab, um Reichtümer zusammenzuraffen, wohl aber, um diejenigen, welche er hat, zur Ehre Gottes zu verwenden und Almosen zu spenden. Er läßt sich nicht von der niedern Sinnlichkeit, dem Schändlichsten, das es gibt, umstricken, nicht von Zorn und Haß übernehmen, indem er den Mit= menschen wie sich selbst liebt. Er fürchtet sich vor nichts, da er unter dem Machtschutz Gottes steht. Er hat kein anderes Verlangen, keine andere Hoff= nung als auf Gott, den er stets auf seinen Lippen, in seinem Herzen trägt." [1]

Dieser christlich=religiösen Gesinnung, wie sie so entschieden warm in dem eben angezogenen Schreiben zum Ausdruck kommt, ent= spricht auch die hohe Verehrung, die Vergerius zeitlebens seinem Landes=

---

[1] Epist. n. 15 an Remigio Superantio. Paduae XVII Kal. Sept. 1396. — Aehnlichen Inhalts ist Epist. n. 27 an Johannes Domineo, Bischof von Siena. Vergerius schreibt u. a.: »Monemur, non confidere de nobis; sed ab eo petamus dirigi, qui nescit errare, atque ab eo ipso, qui totus bonus est et ipsum Bonum est, nobis bona praecemur, illud insuper sentientes, sine quo superior ratio parum valet, ut non nisi bona existimemus, quaecunque dederit ille, qui mala dare non potest.«

heiligen, dem Kirchenlehrer Hieronymus, bewahrte. Wie wir schon oben gesehen, hatte er sich gewissermaßen durch ein Gelübde verpflichtet, alljährlich am Festtage des Heiligen zu dessen Ehren eine Lobrede an das Volk zu halten, welches sich bei diesem Anlaß jeweilen in großer Zahl einzufinden pflegte.[1]) Die Verehrung, die er dem berühmten Landsmann zuteil werden ließ, galt aber nicht etwa nur dem Gelehrten, sondern vor allem dem Asketen, dem heroischen Tugendhelden. In einem Briefe, den er auf das bevorstehende Hieronymusfest an seinen Vater richtet, zeichnet er in großen schwungvollen Zügen das Bild des Heiligen:

„Ich könnte mich heute in keiner Weise angenehmer mit Dir unterhalten, als dadurch, daß wir uns gegenseitig den Ruhm und die Verdienste des heiligen Hieronymus, dessen Festtag bevorsteht, vergegenwärtigen. Vermöchte ich demselben nur jene Ehrentitel zu verleihen, welche der Heiligkeit seines Lebens und der Fülle seiner Tugenden gebühren. Allein seine Thaten übertreffen meine Worte, ja nicht bloß meine Worte, sondern selbst meine Gedanken. Und so wenig ich gebührend aussprechen kann, was ich über seine Tugendgröße empfinde, ebensowenig bin ich imstande, das Großartige derselben voll zu begreifen. Was die Bethätigung unseres Glaubens betrifft, so werden wir, auch wenn wir alle Heiligen durchgehen, deren Namen berühmt sind, nur wenige finden, die ihn an Tugend und und wissenschaftlichen Kenntnissen erreicht, und keinen — wenigstens nach meinem Dafürhalten — der ihn übertroffen hätte. Sucht man bei ihm Festigkeit des Glaubens und zuversichtliche Hoffnung, so gibt es nirgends eine größere, betrachtet man die Glut seiner Liebe, so liebte niemand feuriger als er. In seinen Predigten ist er ein Apostel, in seinen Schriften ein Evangelist, in seinem Aufenthalt ein Einsiedler. Und wenn wir die Märtyrer nach ihren Qualen bemessen wollen, so ist er sein ganzes Leben hindurch ein Märtyrer gewesen. Ein Lehrer war er nicht nur durch sein Wort, sondern durch sein Beispiel, und sein Leben ist nicht weniger berühmt als seine Predigt. Denn das ist die beste Lehrweise, daß man durch sein Leben und sein eigenes Beispiel erhärtet, wozu man mit Worten ermahnt ... Wer daher recht lehrt und zugleich so lebt, wie er lehrt, der ist in Wahrheit ein Lehrer (doctor). Wer anders thut, der lügt und verurteilt sich selbst durch diese Lehre. Man lese die Briefe oder Bücher des Hieronymus: sie alle sind voll der heiligsten Lehren. Man betrachte sein Leben: es übertrifft noch seine Lehre, als ob es ihm leichter gewesen wäre, sie auszuüben als vorzutragen. Was sollen wir von seiner Enthaltsamkeit und Selbstbeherrschung sagen, was von seiner Nächstenliebe, seiner Geduld, von den Verfolgungen

---

[1]) S. oben S. 543.

seiner Neider, von der Auflehnung der Häretiker? Wie er die erstern mutig ertrug, so hat er die letztern noch mutiger bekämpft. Was soll ich von den Mühseligkeiten seines Einsiedlerlebens, von den Beschwerden seiner Reisen und den vielen andern Entbehrungen sagen? Es scheint, daß er es sich zur Lebensregel gemacht habe, nichts zu fliehen als nur die Welt und ihre Nachstellungen." [1] — Vergerius betrachtete den Heiligen als den besonderen Schutzpatron seiner Familie. So schreibt er einmal auf das bevorstehende Hieronymusfest an seinen Vater: „Wer hat uns in jenem Kriegsgetöse, als allgemeiner Schrecken herrschte und alles zusammenbrach, den vielen Nachstellungen, die uns bereitet waren, entrissen? Wer hat uns aus den Ruinen der verwüsteten Vaterstadt, aus den brennenden Trümmerhaufen gerettet und in Sicherheit gebracht? Wer führte uns, als wir den vaterländischen Boden verlassen und in der Fremde wohlwollende Aufnahme gefunden hatten, wieder ins Vaterland zurück und schaffte uns Ruhe? Wer endlich hat Dein Haupt, das dem Tode verfallen, so vielen Gefahren ausgesetzt war, gerettet, wenn nicht derjenige, dem es geweiht war?" [2]

In vollem Einklang mit der religiösen Ueberzeugung stand Vergerios **ethisch-philosophische Weltanschauung**, da sie eben auf demselben Fundamente aufgebaut war. Die heidnischen Weltweisen sind für ihn keine Autorität, auf die er blindlings schwört; seine Richtschnur ist vielmehr der christliche Glaube und die praktische Lebenserfahrung. Die Philosophie soll dazu dienen, seinen Geist zu erheben und ihn in der Tugend und christlichen Vollkommenheit voranzubringen.

„Es ist etwas Großes," sagt er, „dem Grund aller Dinge nachzuforschen und diese durch die Philosophie zu ergründen; es ist etwas Größeres, nach der Philosophie zu leben, das Größte aber und Vorzüglichste, beides im Leben miteinander zu verbinden." [3] Um dieses Ziel zu erreichen, muß man die Leidenschaften überwinden und im Guten stets zu wachsen sich bemühen Darum ist es Vergerios stetes Bestreben, gelehrt, noch mehr aber, gut und frei zu werden. [4] Allein auch das genügt noch nicht. Der Geist muß auch über die verschiedenen Wechselfälle des Schicksals, Glück und Unglück, den Sieg davon tragen. Wahre Tugend kann weder gebeugt noch überwunden werden; sie wird vielmehr umso stärker und größer, je schwerer die Wunden sind, welche das Unglück geschlagen hat. [5]

Diese hohe Auffassung von der **Tugend** kehrt in Vergerios Briefen immer wieder. Nach seinem Dafürhalten darf beispielsweise

---

[1] Epist. n. 86 Paduae pridie Kal. Oct. 1396.
[2] Epist. n. 126.
[3] Epist. n. 95 s. i. 1394.
[4] Epist. n. 106.
[5] Epist. nn. 87 u. 105.

nur jener sagen, daß er glücklich gelebt hat, welcher nicht etwa bloß nach der einen und andern Richtung, sondern in allen Teilen und in jedem Lebensalter bis ans Ende ein kluges und vernunftgemäßes Leben geführt hat.¹) Daher beschäftigt er sich mit der Philosophie, weil dieselbe außerdem, daß sie nach dem Grund der Dinge forscht, auch den richtigen Weg zum guten Leben weist.²) Darum will er alle Müh' und Arbeit auf seine Studien verwenden und freudig sein Leben darin zubringen, so lange es Gott gefällt. Kein Schlag des Schicksals, kein Unglücksfall wird ihn davon abzubringen vermögen.³) Daher betreibt er sie, als ob ihm der Tod bald bevorstände, auf den sich übrigens in dieser Zeit der Pest jedermann gefaßt halten müsse.⁴) — Den Tod fürchtet Vergerius nicht.

„Denn was hätte mir das lange Studium der Philosophie und die viele Erfahrung des Lebens genützt, wenn sie mir nicht die Furcht vor dem Tode benommen hätte?" Doch tadelt er diejenigen — „und es gibt deren sehr viele nicht nur aus dem gemeinen Volke, sondern auch unter den Gelehrten," — welche sich der Gefahr der Ansteckung aussetzen, obgleich sie es ohne Verletzung höherer Pflichten vermeiden könnten. „Obwohl der Tod nach der Ansicht aller Philosophen nicht als ein Uebel zu betrachten ist, ja von den Stoikern sogar zu den Gütern gerechnet wird, so darf man sich keinenfalls leichtsinnigerweise der Gefahr desselben aussetzen; man darf weder nach ihm verlangen, noch ihn suchen, es sei denn, daß eine wichtige Ursache es verlangt. Denn wie es schimpflich ist, aus Furcht vor dem Tode etwas Unehrbares geschehen zu lassen, so scheint es mir auch ungehörig, durch grundlosen Irrtum verleitet, den Tod nicht zu vermeiden, sofern man es ehrlicherweise thun kann. Doch — so fügt er sofort dem an den Kardinal von Bologna gerichteten Briefe bei — ich bin wahrlich nicht bei Sinnen, indem ich einem so äußerst gewissenhaften Manne, der eine Hauptstütze des christlichen Glaubens ist, die Ansichten heidnischer Philosophen vorzuführen wage, als ob unser Glaube uns nicht schon sagte, wie man über den Tod denken soll."⁵)

Es ist kaum anzunehmen, daß solche Aeußerungen im Munde unseres Gelehrten weiter nichts denn schöne Worte gewesen seien, mit denen sein

---

¹) Epist. n. 102. »Quid enim aliud sapientes elaborant quam ut bene mori possint? Aut qui bene mori possunt, nisi qui bene vixerunt? Bene autem illum vixisse dicendum est, qui non unam aut alteram, sed qui omnes vitae partes aetatesque omnes ad extremum cum prudentia rationeque dispensavit.«
²) Epist. n. 74.
³) Ebenda.
⁴) Epist. n. 12.
⁵) Epist. n. 113.

Leben nicht im Einklang stand. So vielfach dieser Fall bei den Jüngern des Humanismus zutraf: Vergerios Lebensgang bietet uns keine Anhaltspunkte, die einen solchen Vorwurf rechtfertigten. Das harte Loos, das, wie wir sahen, von Jugend auf sein Anteil war, bot ihm in der That auch Gelegenheiten genug, um seine Willensstärke und Charakterfestigkeit zu erproben; er verstand es, seine irdischen Sorgen und Entbehrungen mit Fassung und heiterem Gemüt zu ertragen, eine Kunst, wozu nicht bloß die Resignation des Weisen, sondern vor allem christliche Gedulb und Gottergebenheit gehören.

Im übrigen scheut sich Vergerius nicht, diese seine Ueberzeugung auch seinen Freunden gegenüber rückhaltlos zum Ausdruck zu bringen. „Ich kann nur denjenigen meinen Freund nennen," schreibt er beispielsweise an Ludovico Buzzachareno, „der in seinem Handeln sich groß erweist. Groß aber ist, was aus der Tugend oder aus der Wissenschaft hervorgeht, und ohne diese Grundlagen kann nichts groß oder rühmlich sein. Denn Reichtum, Macht und ähnliche Glücksgüter sind in Wirklichkeit nichts im Vergleich zur Tugend, obschon sie das Urteil der unverständigen Menge als die höchsten, ja als die einzig wahren Güter betrachtet. Gewiß gereichen dieselben, sofern sie mit einer guten Naturanlage zusammentreffen, der Tugend zur Zier; wenn sie dagegen zu einer schlimmen sich gesellen, so sind sie die verderblichsten Werkzeuge der Bosheit."[2]) Und indem er seinen Freund Nicolao Leonardi zur Bessergestaltung seiner Verhältnisse beglückwünscht, fügt er bei: „Ehrenstellen, zeitliche Vorteile, Unabhängigkeit, freundschaftliche, verwandtschaftliche Beziehungen und alles, was Du aufzählst, sind Zierden des Glückes, aber verschaffen können sie letzteres nicht, wenn Du es nicht selber Dir verschafft."[2])

Ein schöner Zug im Charakter Vergerios ist dessen dankbare Gesinnung gegenüber seinen Lehrern und Wohlthätern und seine Bescheidenheit. Wir haben gesehen, welche Anerkennung er einem Zabarella, Chrysoloras, Salutato, Johann von Ravenna für die ihm erwiesene geistige und materielle Unterstützung zollt. Dem letztgenannten, den er als „seinen Lehrer und zugleich seinen besten Vater" anredet, schreibt er, ihm habe er es zu danken, daß er so lebe und sich in solchen Verhältnissen befinde, daß der Freund sich seiner nicht zu schämen brauche.[3]) Die Freundschaft ist ihm nicht bloß eine Stütze des Lebens, sondern das Leben selbst. Daher sein häufiger Brief-

---

[1]) Epist. n. 37.
[2]) Epist. n. 74. — Der bereits oben angezogene schöne Brief wurde schon von Zabarella bewundert.
[3]) Epist. n. 89.

Verkehr mit seinen Getreuen. Scherzend schreibt er an Ugo von Ferrara:

„Du schriebest neulich Deinem Bruder, daß Du, durch die Unmasse meiner Briefe erdrückt, kaum mußen könnest. Ihr seid also meiner Briefe überdrüssig? Gut, ich werde den Ueberdruß verdoppeln, zum Aerger noch etwas beitragen und meine Briefe stoßweise senden. Und wenn mir ein Tag erübrigt oder eine Stunde oder ein Augenblick, so werde ich sie verwenden, um Dir zu schreiben."[1]) Dabei denkt er von seiner Person so gering, daß er sagt: „In mir finde ich nichts, was mich der Liebe wert macht, als etwa das eine, daß ich wünsche, von Würdigen geliebt zu werden."[2])

Den Aldrovandino von Ferrara glaubt er, da ihm derselbe längere Zeit nicht geschrieben, durch seine freimütigen Briefe beleidigt zu haben. Da meldet ihm die nämliche Botschaft, daß der Freund krank geworden, nun aber wieder genesen sei. Er wünscht ihm Glück zur Genesung und dankt Gott, daß sowohl die Furcht als der falsche Verdacht gehoben ist.[3]) „In Erhaltung unserer Freundschaft," schreibt er an Ludovico Buzzacchareno, „haben wir die Regel beobachtet, daß Du Dich an meiner Niedrigkeit nicht stoßest und ich mich vor Deinem Glanz nicht scheue."[4]) Und an Aldrovandino von Ferrara:

„Ich fühle mich, sei es aus einer gewissen angebornen Strenge, sei es, was ich lieber wollte, infolge eines guten Entschlusses, so veranlagt, daß ich es sehr gering achte, wie man über meine Verhältnisse urteilt und daß ich niemals Verlangen trug, mehr oder ein anderer scheinen zu wollen, als ich in Wirklichkeit war. Ich habe jene — und es ist die Mehrzahl der Menschen — immer als sehr unverschämt beurteilt, welche lieber gut scheinen und es nicht sein, als gut sein und es nicht scheinen wollen. Wie immer daher andere über mich urteilen mögen, ich bleibe stets derselbe und will der nämliche scheinen, der ich bin."[5])

Je bescheidener der Gelehrte von sich selber denkt, um so höher schätzt er anderer Verdienste. In seine bewundernde Anerkennung macht mitunter den Eindruck der Schmeichelei. So redet er z. B. den Gelehrten Michael von Rabatha folgenderweise an: „So oft ich zu Dir komme, ist es mir, als ob ich in einen heiligen Tempel lebendiger und wahrer Tugend eintrete, wo ich meine Gelüste niederhalten, meine Hoffnungen aufrichten, meine Sorgen abwerfen kann und von meinen

---

[1]) Epist. n. 22. Vgl. auch n. 35.
[2]) Epist. n. 81.
[3]) Epist. n. 32.
[4]) Epist. n. 37.
[5]) Epist. n. 53.

Studien, wenn ihnen überhaupt eine Anerkennung gebührt, durch Dein Urtheil die beste Frucht gewinne.[1]

Jüngere Gelehrte und ehemalige Schüler suchte der Lehrer zur eifrigen Pflege der Wissenschaft und steter Fortbildung, aber auch zu Tugend und rechtschaffenem Lebenswandel anzuspornen.

„Man hört von Dir und Deinen Studien nur Gutes," schreibt er an Nicolao Leonardi, einen Kandidaten der Heilkunde und Freund der schönen Wissenschaften. „Obwohl ich davon überzeugt bin und damit nichts Neues und Unerwartetes vernehme, so lasse ich gleichwohl nicht ab, Dich aufs dringendste zu ermahnen, daß Du auf dem betretenen Wege voranschreitest, Deine Studien ohne Unterbrechung fortsetzest, den Vorlesungen, Disputationen und täglichen Geistesübungen unermüdlich obliegest. Denn diese Uebungen prägen das Gehörte ein, verschaffen Sprachgewandtheit und schärfen den Verstand, um Hohes und Schwieriges zu erfassen. Sei sparsam im Genuß der Speise, noch sparsamer in demjenigen des Schlafes, am sparsamsten in jeder Art von Müßigang ... Mit einem Wort, handle so, wie Deine vorzügliche Tugendgesinnung Dich lehrt und fliehe — was allen Leuten Deines Alters ganz vorzüglich anzurathen ist — die der Tugend gefährlichen Bekanntschaften."[2]

Aehnliche Ermahnungen hatte er dem jungen Freunde schon vordem gegeben, da derselbe von der Hochschule zu Bologna nach derjenigen von Siena übersiedelte.[3] Ja selbst als Leonardi bereits im Berufsleben wirkte und einen eigenen Familienstand gegründet hatte, nahm der Lehrer keinen Anstand, ihn vor Fehlschritten zu warnen. Leonardi hatte ein kleines Gut gekauft und ließ sich darauf ein Landhaus bauen, um, wie er sagte, für seine geistige Erholung und Gesundung zu sorgen. Vergerius aber meint, es sei denn doch etwas zu früh, schon jetzt auf auf Ruhe und Bequemlichkeit Bedacht zu nehmen; das sollte dem Alter aufbewahrt bleiben.

„Wenn Du schon heute an geistige Schonung denkst, zu einer Zeit, wo man gerade am meisten in Schweiß und Staub ausharren soll, so befürchte ich, daß Du nicht eben gut für die Frische Deines Geistes sorgest, da Unthätigkeit für ihn Siechtum bedeutet und das Sichergeben in eine beschäftigungslose Muße der Gesundheit nicht nur nicht zuträglich, vielmehr recht schädlich ist. Dem jungen Mann steht nichts übler an als Müßiggehen, nichts ziert ihn mehr als Arbeit."[4]

---

[1] Epist. n. 81.
[2] „... Lectionibus, disputationibus quotidianisque ingeniorum exercitiis indefessus invigiles ... Esto parcus cibi, somni parcior et cuiusque desidiosi otii parcissimus ..." Epist. n. 91.
[3] Epist. n. 125.
[4] Epist. n. 20.

Verſuchen wir ſchließlich das Bild des Literaten Vergerius an
der Hand ſeiner Briefe noch etwas zu beleuchten und zu vervollſtändigen.
Das Epiſtolar legt beredtes Zeugnis ab, daß Vergerius eine für
die damalige Zeit ebenſo ausgebreitete als gründliche Kenntnis der
lateiniſchen und griechiſchen Klaſſiker beſaß, und man wird Combi
wohl Recht geben müſſen, wenn er meint, daß derſelbe ſämtliche klaſſiſche
Texte, ſoweit ſie zu ſeiner Zeit bekannt waren, geleſen und ſtudiert
habe.[1]) Am höchſten ſtellt er unter den Proſa-Schriftſtellern Cicero,
unter den Poeten Virgilius. Während er in jenem den „Gipfelpunkt
italiſcher Beredſamkeit und allgemeinen Ruhmes" erblickt,[2]) glaubt er dem
Dichter der Aeneide das Prädikat „divinus" zuerkennen zu dürfen.[3])

Sein reger brieflicher Verkehr mit den Literaten gibt ihm Gelegenheit
genug, bald über dieſe, bald über jene Diszipliu ſeine Anſicht zu äußern.
Die Grammatik bezeichnet er in einem Schreiben an Angelo de
Urbe als das grundlegende Unterrichtsfach und das ſolide Fundament
der übrigen Wiſſenſchaften.[4]) Der erſte Platz aber unter ihnen gebührt
der Philoſophie und der Geſchichte. Jene gibt die Vorſchriften
für ein ſittlich-gutes Leben und macht den Menſchen frei von niederu
Leidenſchaften; dieſe iſt wertvoll, nicht nur, indem ſie uns mit den
Thaten der Vorzeit bekannt macht und ſo unſere Erfahrung für die
Gegenwart bereichert, ſondern auch deshalb, weil ſie die Beiſpiele für
die (Moral-) |Philoſophie und für die Beredſamkeit uns an die
Hand gibt.[5]) Die Redekunſt erſcheint unſerem Gelehrten, wie leicht
begreiflich, als ein Lehrgegenſtand von beſonderer Wichtigkeit Seine
didaktiſchen und methodiſchen Grundſätze bezüglich derſelben trägt er
ebenſo ſchön als wahr in einem Briefe vor, der an den vornehmen

---

[1]) Vgl. Epist. nn. 8, 10, 20, 25, 30, 45, 46, 48, 55, 58, 66, 73, 75, 79, 85, 87, 116, 118, 119, 123, 124, 138.

[2]) »Italae eloquentiae et honestatis universae culmen.« Epist. n. 8.

[3]) »Vates quos divinos appellare instum est.« Epist. n. 85 (Invektive gegen Malateſta). — Schon Boccaccio pflegte Virgils Epos »La celeste Eneida« zu nennen. Bekannt iſt auch — von Dante u a. abgeſehen — die ſchwärmeriſche Verehrung Maffeo Regios für Virgil. Vgl. unſere Angaben im 2. Bd. der Bibl. der kath. Pädag. S. 5, 94 f.

[4]) »Grammatica, primordialis scientia paedagoga dirigit et administrat singulas facultates . . . haec fundamentum solidum cuiuslibet alterius disciplinae.« Epist. n. 5: »Florido, et scientiarum viro magistro Angelo de Urbe s. d.«

[5]) Epist. n. 16. — Eingehender behandelt Vergerius die einzelnen wiſſen-ſchaftlichen Diſziplinen in ſeinem pädagogiſchen Traktat. Vgl. die bezüglichen Ausführungen meiner Abhandlung a. a. O. S. 23 f.

Patrizier, tüchtigen Soldaten und Staatsmann Ludovico Buzza=
chareno gerichtet ist. Dieser nämlich will sich als eifriger Freund
der schönen Künste dem Studium der Beredsamkeit widmen und geht
zu dem Zwecke den Vergerius um seinen Rat an. Wir können nicht
umhin, den wesentlichen Teil des Schreibens, das man als einen kurzen
Abriß der Rhetorik bezeichnen könnte, hier wiederzugeben. Es läßt uns
besonders auch das gesunde und maßvolle Urteil des Humanisten
Vergerios erkennen, der, inmitten dieser Geistesbewegung stehend, seine
Selbständigkeit und Unabhängigkeit gegenüber ihren übereifrigen Ver=
tretern zu behaupten verstand.

„Damit Dich nichts von Deinem sehr lobenswerten Vorhaben ab=
schrecken kann (ein Redner zu werden), so wisse, daß bei jedem Unternehmen
vorerst eine Grundlage geschaffen werden muß und daß ohne diesen Anfang
sich das Neue nicht bilden, allmählig wachsen und so zur Vollendung ge=
langen kann. Wir werden ja nicht als Weise oder Gelehrte geboren, viel=
mehr müssen wir uns diese Güter durch Studium und Fleiß erst erringen.
Wenn nun auch die Aneignung der Redekunst vieles erfordert, so ist doch
Eines vor allem nötig, nämlich die unverdrossene Uebung im Vortrag.
Denn diese hat zur Folge, daß man nicht nur besser, sondern auch leichter
und mit größerer Gewandtheit spricht. So verhält es sich übrigens mit
jeder Beschäftigung, gleichviel ob dieselbe ein Werk der Hände, der Zunge
oder aber des Geistes sei. Wenn Dir somit die Rede nicht gleich nach
Deinem Wunsche auf die Zunge oder in die Finger kommt, so hast Du
noch keinen Grund, zu verzweifeln. Denn erstens bist Du ja ein Neuling;
und zudem sind selbst die gewandtesten Redner nicht immer imstande, ihre
Gedanken so vorzutragen, wie ihr Geist sie hervorgebracht hat; ihr Vor=
trag ist eben umso ansprechender, je mehr Mühe sie darauf verwendet
haben. Im übrigen muß man sich einen Meister zur Nachahmung
auswählen; denn das ist bei jeder Art von Beschäftigung das wirksamste
Hilfsmittel. Zwar meint Annaeus (Seneca), daß man nicht ausschließlich
Einem folgen, sondern aus verschiedenen Autoren gewissermaßen eine neue
Redegattung herausbilden solle; ich dagegen bin nicht dieser Ansicht, sondern
glaube, daß man sich an einen Einzigen und zwar an den besten halten
müsse, um ihn ganz vorzüglich nachzuahmen; es wird einer nämlich umso
Geringeres leisten, je mehr er einem Mittelmäßigen folgt und sich so von
dem Ueberlegenen entfernt. Man muß es also machen wie die Maler der
Gegenwart, welche zwar die schönen Gemälde der übrigen Künstler emsig
studieren, sich aber gleichwohl nur an die Meisterwerke Giottos halten.[1]

---

[1] ›Faciendum est igitur, quod aetatis nostrae pictores, qui, cum cae-
terorum claras imagines sedulo spectent, solius tamen Joti exemplaria se-
quuntur.‹

Um Dich hier nicht lange aufzuhalten: wenn Du in Prosa schreibst, so laß nicht von Cicero ab; wenn aber in Poesie, so ziehe den Maro zu Ehren.[1]) Allerdings ist es nicht die gebundene oder ungebundene Form, durch welche die Schönheit des Stiles bedingt wird. Ich will hier auch nicht darüber streiten, welchem der beiden Autoren in letzterer Beziehung der Vorzug gebühre, wie es Macrobius gethan hat. Dieser setzte nämlich verschiedene Stilgattungen fest und gab dem Maro, vermutlich durch das Studium desselben bewogen, in allem den Vorzug; von Cicero dagegen behauptete er, daß er nur in einer Gattung tüchtig sei, und zwar ohne sich auszuzeichnen. Anderwärts bedient er sich indes wieder einer andern Einteilung und teilt jeder einzelnen Darstellungsart ihren besondern Meister zu. Was mich betrifft, so geht mein Urteil, um es Dir hierorts mitzuteilen, dahin, daß Cicero an Schönheit des Stils alle andern Redner sowohl als Dichter übertreffe."[2])

„Die größte Sorgfalt aber ist darauf zu verwenden, daß die Dar=
stellung mehr durch ihre Gedanken Eindruck mache als durch
Worte; denn sonst sind wir denjenigen ähnlich, welche den
Blüten nachgehen, aber die Früchte außer acht lassen.[3])
In dieser Hinsicht befindet sich ein großer Teil (der Schriftsteller) im Irrtum, indem sie glauben, sie hätten ihre Pflicht vollauf gethan, wenn sie ihren Vortrag mit glatt gedrechselten oder hochtönenden Phrasen überfüllen."

„Was aber die Form betrifft, so darf man keine schwer verständlichen oder ungebräuchlichen Ausdrücke anwenden, jedoch ebensowenig ganz vulgäre oder kindische; man bediene sich vielmehr lediglich solcher, die bei berühmten Autoren vorkommen und in Uebung sind. Dabei muß dem Wesen und der Bedeutung der Person und der Sachen, über die man sprechen will, Rechnung getragen und sollen dieselben in solchen Zusammenhang gebracht werden, daß sie nicht durch bloßen Zufall zusammengeworfen scheinen, sondern logisch miteinander verbunden sind. Die Darstellung sei nicht hart oder trocken, nicht abgerissen, nicht überstürzt, sondern ruhig und gemessen, nach Art eines klaren Baches in gleichmäßigem und sanftem Laufe dahin=
fließend und, um ohne Bild zu sprechen, wie von selbst sich entwickelnd, ohne den Eindruck der Gezwungenheit zu machen. Sie sei zwar sorgfältig, aber nicht über Gebühr, sondern in der Weise künstlerisch gestaltet, daß sie mehr der Natur als der Kunst entliehen zu sein scheint. Gar viele verderben, indem sie das Einzelne in übertriebener Weise auszuschmücken

---

[1]) »Si prosa contendis, Ciceronem ne deserc; sin metro, cole Maronem.«
[2]) »Mihi vero, ut et iudicium meum audias, videtur, Ciceronem omnibus et oratoribus et poetis praestare.«
[3]) »Illud omnino curandum est, ut sententiis magis polleat oratio, quam verbis, ne similes illis videamur, qui flores sectantur, fructus vero negligunt.«

sich bemühen und allzuviel Schminke anwenden, das Ganze. Der Vortrag sei lichtvoll und faßbar für die Zuhörer. Denn was kann es Unsinnigeres geben, als beim Sprechen es darauf abzusehen, daß man nicht verstanden wird, während uns doch gewiß die Sprache dazu gegeben ist, daß wir uns gegenseitig verstehen. Wer sich vor einer klaren Darstellung scheut, bringt es soweit, daß er schließlich sich selbst nicht mehr recht versteht. Den geraden Gegensatz zu dieser Art von Rednern bilden jene, welche in dem Wahne, daß man sie niemals genügend verstanden habe, sich unnützerweise bei einem Gegenstande aufhalten und dasjenige zum Ueberfluß wiederholen, was, ohne nötig zu sein, bereits gesagt worden ist. Während wir also diese beiden Fehler zu meiden haben, so soll es andererseits unser möglichstes Bestreben sein, daß der Vortrag nicht einen gewöhnlichen, sondern den gebildeten Mann verrät, daß derselbe nicht alltäglich, sondern vornehm und würdevoll sei, so daß der Sprechende sich ohne Scheu in der Oeffentlichkeit zeigen darf und daß er, obwohl es ihm scheinbar jeder andere mit Leichtigkeit gleichthut, in Wirklichkeit von niemanden oder nur von den wenigsten erreicht wird."

„Zu ruhigem und gemessenem Vortrag aber ermahne ich deßhalb, weil derselbe in der Regel den Verhältnissen angemessener ist. Indes dürfte es auch nicht unzweckmäßig sein, sich in jenem lebhaftern Vortrag zu üben, wie er vor den Schranken des Gerichtes üblich ist, wo die Macht der Beredsamkeit mehr zur Geltung kommt. Freilich ist letzterer in unsern Tagen fast ganz außer Gebrauch gekommen, seitdem Leute als Sachwalter auftreten, denen jede rednerische Begabung durchaus abgeht. Die Streitsachen werden jetzt vor Gericht nach den erhobenen Akten und den so findig wie möglich zusammengesuchten Gesetzesparagraphen, nicht mehr durch die (gerichtlichen) Reden entschieden. — Doch, bin ich bei Sinnen, indem ich mir zutraue, in einem kurzen Briefe die Redekunst zu dozieren? Das ist freilich für jetzt nicht mein Wunsch noch meine Absicht. Ich wollte lediglich einige allgemeine Grundsätze zusammenstellen, welche für Dich nicht ohne Nutzen und für mich eine willkommene Auffrischung sein werden. Die weitern auf die Kunst bezüglichen Regeln wirst Du neben andern Schriftstellern vor allem bei Cicero, der Quelle der Beredsamkeit, finden. Bei alledem aber darfst Du nie vergessen, daß in jeder Kunst, in der unserigen ganz vorzüglich, die Naturanlage den Ausschlag gibt. Wem die Natur die Rednergabe versagt hat, wird sich meines Erachtens vergeblich abmühen; wer sie hingegen als angeborenes Gut besitzt, kann durch Unterricht und Uebung leicht ein berühmter Redner werden. Vieles trägt nämlich die Kunst, mehr die Uebung, bei weitem das meiste aber natürliche Anlage zur Beredsamkeit bei.[1]) Was diese letztere betrifft, so darfst

---

[1]) »Ars namque multum, exercitatio magis, natura praeter cetera plurimum ad hanc rem confert.«

Du guten Mutes sein: die Natur hat Dir alles verliehen, was zu einem ganzen Manne gehört, das Glück sehr vieles. Du selbst wirst es gewiß an nichts fehlen lassen, um ein vollendeter Redner zu werden. Dies mein Urteil und meine Erwartung von Dir. Lebe wohl!"[1])
Das sind gewiß Worte, die den gewiegten Pädagogen verraten und sich würdig den in Vergerios Erziehungslehre ausgesprochenen Grundsätzen und Anschauungen an die Seite stellen. Sie verdienen aber nicht nur um ihrer inneren Wahrheit und praktischen Bedeutung willen unsere Aufmerksamkeit, sondern auch deshalb, weil sie über die **Stellung unseres Autors zum Humanismus** neues Licht verbreiten.[2]) Vergerius darf mit Recht als ein **Mitgründer der neuen Richtung** in der Wissenschaft betrachtet werden, aber es zeigt sich auch hier wieder, daß er kein blinder Verfechter und Verehrer derselben ist. Ungefähr die Mitte haltend zwischen der hergebrachten mittelalterlich-scholastischen Bildungsform und der neu aufstrebenden des Humanismus stellt er gewissermaßen eine Versöhnung der beiden Systeme in seiner Person dar. Er geht nicht so weit, daß er die Imitation der Alten als Selbstzweck auffaßt und daß ihm künstlich gefeilte tullianische Wendungen und Phrasen den reellen Inhalt ersetzen müssen. Wohl will auch er die Klassiker als Muster und Vorbilder eines guten Stils betrachtet wissen und hält viel auf Sorgfalt und Schönheit des Ausdrucks. Seine Darstellung ist nicht nur durchgehends eine korrekte, sondern entspricht, relativ wenigstens, auch den Anforderungen der Eleganz und des Wohllautes. Allein bei all dem weiß er sich frei und steht in bewußtem Gegensatz zu jenem Formalismus der extremen Humanisten, denen die Schale mehr gilt als der Kern, welche „den Blüten nachgehen, aber die Früchte außer Acht lassen", die „nur Jagd auf Worte machen, den Sinn derselben aber nicht erfassen".[3])

---

[1]) Epist. n. 66 Paduae XVIII Kal. Sept. 1396. — Combi bemerkt (Einleit. S. LI) zu dem Brief: »È una lezione di stile, veramente singolare per quei' tempi, e che mette in sempre maggior luce la indipendenza dei suoi principii, nonchè la necessità, già rivelata, di bene distinguere la sua scuola nella storia dell' umanismo.«

[2]) Neben unserem eben angeführten Essay ist in vorliegender Frage besonders der Briefwechsel von Bedeutung, der sich zwischen Coluccio Salutato und Vergerius entspann, als dieser ihm seinen Traktat De ingenuis moribus zur Beurteilung übersandte (Epist. nn. 29 u. 139). Wir können hier von einer weiteren Besprechung desselben Umgang nehmen, da bereits Rösler (Bibl. der kath. Pädag. VII, 73 ff.) ausführlich und zutreffend darüber gehandelt hat.

[3]) »Qui sola verba venabantur, mentem vero consequi non poterant.« Epist. n. 29.

Und wie ihm in der Wissenschaft der Inhalt über der Form steht, so stellt Vergerius im Leben über das Wort die That. Darum verlangt er vom Lehrer nicht nur, daß er bildend, sondern auch, daß er erziehend, sittlich veredelnd auf seine Zöglinge einwirke. „Wenn Deine Schüler" — schreibt er einem Lehrer der Beredsamkeit zu Padua, dessen didaktischem Geschick er alle Anerkennung zollt — „neben den rhetorischen auch noch Deine sittlichen Vorschriften befolgen und in ihrem Leben Dich nachahmen, so werden dieselben in ihrem Verkehr mit Dir die Frucht doppelten Ruhmes ernten. Denn das scheint mir erst eine schöne Harmonie zu sein, wenn bei einem Manne von Beredsamkeit die innere Gesinnung mit seiner Sprache übereinstimmt, das Wort mit der That".[1]

---

[1] ›Ea demum praeclara consonantia mihi videtur, cum in homine diserto mens cum lingua concordet et sermo cum opere.‹ Epist. n. 43: Gasparino Bergomensi. Bononiae, 1414.

Der geistige Entwicklungsgang Johann Adam Möhlers.
Von Alois von Schmid.

B.
Möhlers kirchliche Reformgedanken.

Die äußeren kirchlichen Formen sollen keine erstorbenen, toten, sondern von wahrem kirchlichen Geiste belebte Formen sein, ohne das haben sie sich selber überlebt: das war ein Grundgedanke, welchen Möhler durch all seine Schriften mehr oder minder hindurchleuchten ließ. Nun hatte er sich in jugendlicher Begeisterung ein Ideal der Kirche zurechtgelegt, welches er in gereifteren Jahren mancher Umgestaltung unterwarf; ist es also zu verwundern, wenn er früher in liturgischen und disziplinären Dingen manchen Reformgedanken Ausdruck gab, die er später nur einschränkungsweise oder gar nicht mehr vertrat?

Fassen wir zuerst die Periode von 1823—26 vor dem Erscheinen des „Athanasius" ins Auge! Hier sprach sich u. a. Möhler aus für Laienkelch,[1] für deutsche Liturgie,[2] für Abbestellung von Spezial- und Solitärmessen[3] und von einfachen Meßbenefizien und von Meßstipendien.[4] Für Klöster erklärte er sich nur, wenn sie, wie es ehedem der Fall gewesen, aus innerem Triebe kommen und den neuen Bedürfnissen entsprechen mit mystischem Mönchsgeiste; er will lieber mystischen Mönchsgeist ohne Mönche, als Mönche ohne mystischen Mönchsgeist.[5] Er will äußere Missionen, aber ohne scholastische Theologie und ohne lateinischen Kult, weil dieser die Notwendigkeit lateinischer Schulen in den betreffenden Missionsländern mit sich bringt.[6] Statt innerer Missionen will er lieber gute Schulmänner und Katecheten[7] Geistliche können solche indessen nur sein, wenn sie mit wissenschaftlicher Bildung eine wahrhaft kirchliche Gesinnung und Lebensführung verbinden. Zum Zwecke der Erneuerung des geistlichen Berufssinnes sollten wenigstens für angehende Geistliche jährliche Exercitien durch Dekane abgehalten

---

[1] Tübinger Quartalschrift 1824, S. 648—49, Jahrg. 1825, S. 287—88.
[2] Ebenda 1823, S. 293 ff., Jahrg. 1825, S. 286—89.
[3] Ebenda 1824, S. 420—22.
[4] Ebenda 1826, S. 438.
[5] Ebenda 1826, S. 433—35.
[6] Ebenda 1825, S. 622—25.
[7] Ebenda 1825, S. 641.